no msg
우리 가족의 건강을 위한
천연 조미료 만들기
(주)교학사

우리 가족의 건강을 위한 천연조미료 만들기

2008년 5월 1일 초판 1쇄 인쇄
2008년 5월 10일 초판 1쇄 발행

지은이 · 양행선
펴낸이 · 양철우
펴낸곳 · (주)교학사
주소 · 서울시 마포구 공덕동 105-67
전화 · 02-7075-313(편집) 02-7075-156(영업)
팩스 · 02-7075-316(편집) 02-839-2728(영업)
등록 · 1969. 6.26. 제18-7호
홈페이지 · http://www.kyohak.co.kr

지은이 · 양행선 /**기획 · 진행** · 경림, 정보산업부 /**북디자인** · 경림
표지디자인 · JD

내손으로 만드는 천연양념

사람이 생명을 유지하는데 가장 중요한 음식은 인종과 문화에 따라 먹는 재료와 조리법이 다르지만, 음식문화를 통하여 개인의 심리적인 안정과 가족간의 유대감, 나아가 사회구성원들의 상호결속을 다져주고 활력을 불어넣어 주었다.

그러나 사회가 발달하고 핵가족화와 소득수준의 향상, 여성의 사회참여 등의 요인으로 편리성을 추구하는 현대인의 필요에 의한 새로운 식품개발과 식품가공기술, 외식 산업의 발달로 인하여 점점 자연식에서 멀어지고 각종 가공 식품에 의존하게 되었다.

그리하여 각 가정의 식탁은 오염된 식재료와 식품첨가물, 인공 조미료 등이 차지하게 되었고, 각종 성인병, 비만 등의 원인이 되어 먹거리에 대한 불안감이 높아지면서 요즘은 신선하고 오염되지 않는 유기 농산물과 천연 조미료에 주부는 물론 누구나 그 어느 때보다 높은 관심을 보이고 있다.

물론 마트에서 판매하고 있는 천연조미료도 있지만 어차피 천연 조미료를 생각했다면 가족의 건강을 위하여 조금만 시간을 내어 재료를 구입하여 직접 만들어 두고 먹는 것이 좋겠다. 아무래도 대량생산에는 왠지 가공과정에서 식품 첨가물이 들어 있을 것만 같다. 이 책에서는 주변에서 구할수 있는 천연양념 재료와 가공, 응용요리를 소개하고자 한다.

이 책에서 소개하게 된 천연양념재료는 시장이나 마트에서 쉽게 구할 수 있으며, 약간 생소한 울금(고창, 진도), 함초(서해안 개펄주변) 등은 생산자와 직거래로 구입할 수 있다

저자

CONTENTS

단맛

짠맛

CONTENTS

만난맛

색

고소한맛

❖ '단맛 쓴맛 다 보았다' 라는 속담에서도 보듯이 단맛의 유혹은 너무나 강렬합니다.

❖ 갓 태어난 갓난아기조차 달콤한 약과 쓰디쓴 약을 구별할 수 있어서 쓴 약을 주면 온몸으로 싫다는 표현을 하기까지 합니다.

❖ 우리가 이렇게 단맛에 약한 것은 단맛이 뇌에 영향을 미쳐 기분향상 효과를 지닌 내인성 오피오이드(opioid) 분비를 촉진하기 때문인 바, 내인성 오피오이드의 대표주자가 바로 엔돌핀입니다.

❖ 그러나 음식물에 과도한 사용은 건강을 심하게 악화시킬 수 있는 독소가 되기도 합니다.

❖ 인공 감미료가 아닌 천연 재료를 이용한 단맛 만들기는 우리 가족 건강을 지키기 위한 제일요소라고 할 수 있습니다.

단맛

감초

초는 중국, 시베리아, 몽골, 유럽 등 넓은 지역에 분포한다. 감초는 단맛을 가지고 있는 식물로서 설탕보다는 약 200배의 당도를 내는 성분이 들어있으며, 77가지의 광물성 약재와 1,200 가지의 식물성 약재를 서로 조화시키는 역할을 한다. 감초는 감미료로 보다는 '약방의 감초' 라는 말이 있듯이 한약재의 재료로 빠지지 않는데 독이나 극한 성분의 중독을 치료하고, 세균으로 인한 독소를 중화하거나 해독 작용을 하여 약의 부작용을 해독하며, 백약을 조화시킨다. 생강과 같이 쓰면 향과 맛이 어울리고 효능도 상승한다.

현대의학에서도 그 효능을 밝혀내고 있는데, 노란색소인 플리보노이드, 글리시린진, 칼콘 성분은 암을 예방한다. 그 외 염증, 바이러스, 궤양, 구강내의 박테리아 증식을 억제하여 충치예방에도 효과가 있다.

① 감초의 효능

(1) 독약, 극약의 중화작용 및 해독작용

(2) 암예방

(3) 대소변의 생리 정상화

(4) 위궤양, 십이지장 궤양에 효과

② 좋은 감초 고르는 법

굵고 껍데기가 두꺼우며 향이 진한 것

물 5컵에 감초 10개를 넣어 달여 1/2 분량이 되면 설탕 10g과 당도가 같다.

시중에 한국산 감초는 거의없고 중국산을 포장하여 판매하고 있다.

③ 감초의 쓰임새

단맛을 내는 육류요리, 생선요리, 한방차 등 설탕 대용으로 쓸 수 있다.

응용요리

◖ 제육조림

◀◀ 재료
돼지고기 목살 600g, 양파 1/4개, 마늘 5톨,
대파 1뿌리, 청주 2큰술, 생강 1톨, 통후추 1큰술

◀◀ 조림양념장
감초 달인 물 3컵, 진간장 6큰술, 청주 2큰술,
설탕 2큰술, 후추 약간

◀◀ 만드는법
돼지고기는 덩어리 째 삶아 식힌 후, 도톰하게
썰어 조림장에 조려낸다.

◖ 팥양갱

◀◀ 재료
붉은 팥 앙금(시판용) 100g, 한천 4g, 설탕
60g, 감초 달인 물 1컵, 물엿 1큰술, 소금 약간

◀◀ 만드는법
물에 불린 한천에 감초 달인 물을 부어 덩어리
가 없어지면 팥앙금, 설탕, 물, 소금을 넣고 저어
가며 끓여 불고고 물엿 넣고 그릇에 덜어 식혀
굳힌다.

TIP 감초를 매일 많은 양을 장복하면 그리시린신 성분이 콩팥의 기능을 약화시켜 소변, 배설을 원활히 못하고 부종
을 일으킬 뿐만 아니라 여러 부작용이 있을 수 있으므로, 감초산을 하루 100mg 이상 먹지 않아야 한다는 연구
보고서가 발표된 바 있다.

스테비아

테비아의 원산지는 파라과이로 옛날부터 '카해애' 라는 이름으로 원주민인 '인디오어' 로 단풀이라는 뜻이며, 차(tea)의 감미료로 쓰였다고 한다. 쌍떡잎식물 초롱꽃목 국화과의 여러해살이풀로 하천이나 습지대에 자생하며 우리나라에는 1970년경에 들어와 식물 시험장에서 설탕 대체 식물로 연구하고 있으며, 농가나 허브농원 등지에서 구할 수 있다. 잎에는 무게의 6~7%의 감미 물질인 스테비오사이드(stevioside)가 들어 있는데 그 함유율은 개체에 따라 차이가 있다. 감미 성분은 설탕의 300배로서 차를 마시거나 껌, 청량음료, 술(소주)의 감미료로 사용한다. 감미성분인 스테비오사이드는 무색, 무취의 결정으로 순수한 물에서는 0.12%로 용해도가 낮으나 알코올에서 쉽게 녹는다. 가열을 하여도 변화하지 않아 조리가공품으로 응용되고 있다. 스테비오사이드는 거의 모든 식품에 사용이 가능하고, 설탕, 감초, 자일리톨 등과 같이 사용하면 상승효과가 있다. 또한, 비타민 및 미네랄이 풍부하고 안정성 검사에서도 문제점이 전혀 없는 천연 감미료이다.

1 스테비아의 효능

(1) 항산화 식품이다.
(2) 당뇨병에 탁월한 효과가 있다.
(3) 항바이러스 작용으로 면역력을 향상시킨다.
(4) 카로틴이 풍부하여 건강한 세포를 유지한다.
(5) 비타민 B_6 성분이 간 기능을 강화한다.
(6) 혈액순환을 촉진한다.

2 스테비아의 채취 및 가공

(1) 지상 20cm 이상에서 베어내어 햇볕에서 재빨리 건조시켜 밀봉 보관
    한다.
(2) 바람이 잘 통하는 그늘에서 건조하여 분쇄해서 보관한다.
(3) 사용할 때는 약간의 알코올 성분에 담갔다 물로 희석하면 빠르게 맛
    이 우러나며 거즈에 거르면 깨끗하다.

3 스테비아의 쓰임새

(1) 단 맛을 내는 모든 요리에 쓸 수 있다.
(2) 차를 마실 때는 한잔에 스테비아잎 2~3장이 적당하다

◖ 갈비찜

◀◀ 재료
쇠갈비 300g, 무 100g, 당근 50g, 표고버섯 3
장, 밤 3개, 은행 5알, 대추 2개, 달걀 1개

◀◀ 양념장
간장 3큰술, 설탕 1큰술, 말린 스테비아 가루 2
작은술, 청주 2큰술, 다진마늘 2작은술, 다진파
1큰술, 참기름 2작은술, 깨, 후추, 육수 2컵,
배즙2큰술

◖ 레모네이드

◀◀ 재료
레몬쥬스 1/4컵, 물 1/2컵, 얼음 1/2컵, 장식용민
트 5~6잎, 슬라이스 레몬 한쪽, 스테비아 시럽
1/4컵

TIP 고기양념에 스테비아를 넣을 때는 청주에 담가 단맛을 우려내 걸러쓴다.

배

배는 우리나라 과실 중 대표적이라 할 수 있을 만큼 오랜 재배 역사를 가져 삼한시대부터로 추정되며, 신라시대의 문헌에 배의 재배에 대하여 기록되어 있다. 배는 수분함량이 약 85~90%정도이고 과당, 사과산, 주석산등의 유기산을 함유하고 당도가 높아 갈증해소뿐만 아니라 피로회복에도 도움이 되고 시원한 그 맛은 과일로서 사랑받고 있다. 배는 강알칼리성 식품으로 성인병 예방에 효과가 있으며, 발암성 물질 및 탄 음식과 매연, 흡연 등으로 인한 유해 성분을 몸 밖으로 배출시키는 작용을 한다. 또한 비타민 B 와 비타민 C, 소화효소를 함유하고 식이 섬유는 당뇨와 혈압을 낮추는데 효과가있다

배는 한의서『본초강목』에 그 효능이 위궤양, 변비, 이뇨작용, 감기 예방 등으로 나와 있고 특히 기관지염에 효과가 좋은 것으로 기록되어 있다.

1 배의 효능

(1) 기관지염과 기침, 열을 내리는데 효과가 있다.
(2) 발암 물질을 체외로 배출시킨다.
(3) 칼륨 성분은 체내에 염분을 배출하여 혈압을 조절한다.
(4) 육류의 단백질 분해 효소가 많아 연육 작용을 한다.

2 좋은 배 고르는 법

(1) 모양이 동글고 크며, 균형이 잡힌 것
(2) 껍질이 맑고 선명한 황갈색인 것
(3) 껍질이 두껍지 않은 것
(4) 수분이 많고 향이 나며 단맛이 강한 것

3 배의 가공법

(1) 배즙을 낸다. : 감기로 인한 기침과 해열에 좋다.
(2) 잼을 만든다.
(3) 쥬스를 만든다.
(4) 설탕 절임을 한다.
(5) 과일로 먹는다.

4 쓰임새

샐러드, 샤베트, 샐러드 드레싱, 고기의 양념

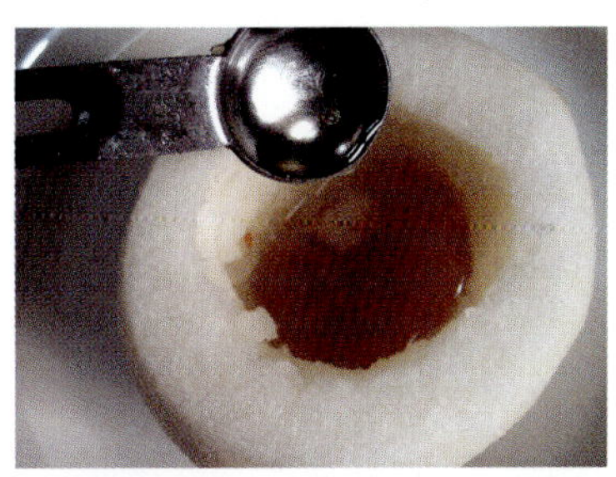

▶ 마른새우볶음

◀◀ 재료
마른 두절 새우 100g, 검은깨 약간, 식용유 1큰
술, 고추기름 2큰술

◀◀ 양념장
간장 2큰술, 설탕 1큰술, 배즙 2큰술, 사과즙 1큰
술, 청주 1큰술

◀◀ 만드는 법
먼저 기름에 새우를 바삭하게 볶아낸 후, 위의
만들어놓은 양념장을 끓여 버무린다.

▶ 떡갈비구이

◀◀ 재료
쇠갈비 600g, 잣, 밀가루

◀ 양념장
간장 3큰술, 배즙 2큰술, 설탕 1큰술, 다진파 1큰
술, 다진마늘 2작은술, 참기름 1작은술, 후추, 깨

TIP 배의 단백질 분해 효소는 육류의 질감을 부드럽게 하므로 먼저 고기에 버무
려 두었다가 잠시 후 간장 등의 양념에 버무려야 한다.

구기자

구기자는 우리나라, 일본, 중국의 산야에 자생하는 낙엽관목으로, 예부터 약용작물로 재배됐으며 특히 우리나라의 청양지방에서 생산되는 구기자는 품질이 우수하고 약효가 뛰어나다. 중국의 진시황제도 복용했던 불로장생 식품으로 알려져 왔다. 중국 한의서『신농본초경』과 우리나라의 옛 한의서『본초강목』,『본초요미』에 많은 약효가 수록되어 있는데 구기자는 독성이 없으며 잎 (천정초)은 나물로 사용하고, 빨갛게 익은 과실 (구기자)과 뿌리, 껍질 (지골피)은 차와 약용으로 쓰였다. 노화예방과 허약체질을 보하고, 풍을 없애주며 허리와 다리를 튼튼하게 하고, 정액과 피를 보충한다. 피부 미용과 눈의 건강에도 도움이 된다고 기록되어 있다. 구기자 열매는 말려 곱게 빻아 떡가루에 섞으면 고운색과 맛, 향을 낼 수 있고, 차로 자주 마시면 조혈작용으로 빈혈을 예방하고 또, 부작용이 거의 없어 마시는 양에 대해서는 안심해도 된다.

❶ 구기자의 효능과 성분

  (1) 베타인(Bataine) 성분 : 간장과 신장의 기능 촉진, 동맥경화와 고혈압 예방, 근골 강화와 빈혈 예방 효과
  (2) 루틴 성분 : 혈당과 혈청 콜레스테롤 저하 효과
  (3) 베타-시토스토렐 : 콜레스테롤의 흡수 억제 효과가 있어 전립선 비대의 치료와 고지방에 의한 성인병 예방 및 치료에 좋다.
  (4) 그 외 아미노산, 비타민 B_1, 비타민 B_2 비타민 C, 각종 무기질 등을 함유하고 있어 자양강장의 효과가 있다.

❷ 구기자 고르는 법

  열매는 크고 살이 두꺼우며 색이 붉고 씨가 작은 것이 좋다.

❸ 구기자 가공

  (1) 잎 : ① 깨끗이 씻어 즙을 낸다.
       ② 그늘에서 살짝 수분을 날린 후 약한 불에서 볶거나 말린다.
       ③ 구기자청 : 잎과 흑설탕을 켜켜이 재워 약한달 후, 즙을 낸다.
  (2) 열매 : • 말린 후 살짝 볶는다 → 알갱이로 두기도 하고, 쓰임에 따라 가루를 낸다.
        • 구기자 열매 1kg, 설탕 1kg, 소주 4L를 부어 밀봉하여 술을 담근다.

  (3) 뿌리와 껍질 : 깨끗이 씻어 바싹 말려 차와 약재로 사용한다.

❹ 구기자의 쓰임새

  차, 조림, 죽, 떡, 한과, 밥, 술 등의 재료와 양념으로 쓴다.

응용요리

구기자식혜

◀◀ **재료**
엿기름 2컵, 멥쌀 3컵, 물 10컵, 설탕 1컵, 구기자 1/2컵

◀◀ **만드는 법**
엿기름은 분량의 물에 담가 맛을 우려 거른 후 가라앉혀 윗물만 따라 고슬고슬하게 찐밥을 넣어 따뜻한 곳에 두어 밥알이 떠오르면 구기자와 설탕을 넣어 끓인다.

구기자정과

◀◀ **재료**
연근 100g, 구기자 100g, 찹쌀밥 약간, 물 2컵, 식초 약간

◀◀ **정과 조림 재료**
물 3컵, 설탕 100g, 물엿 3큰술, 소금 약간

TIP 말린 구기자를 차로 할 때는 찬물에 재빨리 씻어 고운 붉은색이 날 때까지 푹 끓인다.

갈비찜

재료 : 쇠갈비 300g, 무 100g, 당근 30g, 표고버섯 3개, 밤 3개, 달걀 1개, 은행 5알, 대추 2개

양념장 : 간장 3큰술, 설탕 1큰술, 말린 스테비아 가루 2작은술, 청주 2큰술, 다진마늘 2작은술, 다진파 1큰술, 참기름 2작은술, 깨, 후추, 육수 2컵, 배즙2큰술

1. 갈비는 기름기를 제거하고 찬물에 담가 핏물을 뺀 후 칼집을 넣는다. (사진1)

2. 끓는 물에 얇게 썬마늘, 대파 및 생강 1쪽을 저며 넣고 갈비를 넣어 삶아지면 무를 덩어리째 넣어 살짝 삶아 낸다.

3. 고기는 건져 내고 국물은 면보에 걸러 육수로 쓴다. (사진2)

4. 무, 당근은 큼직하게 썰어 모서리를 다듬고, 표고버섯은 2등분으로 썬다.

5. 밤은 껍질을 벗긴다.

6. 은행은 볶아 껍질을 벗겨내고 대추는 돌려 깎아 씨를 발라내고 2등분한다.

7. 달걀은 황, 백 지단을 부쳐 마름모 꼴로 썬다.

8. 갈비에 양념장을 넣어 약 30분간 재워둔다. (사진3)

9. 불위에 얹어 뒤적여 간을 들인 후 걸러 놓은 국물을 부어 끓어 오르면 중불에서 푹 익힌다.

10. 갈비가 무르게 익으면 무, 당근, 표고, 밤을 넣어 간이 들게 찜을 하여 대추와 은행을 넣어 완성한다. (사진4)

11. 그릇에 담고 달걀 지단을 올린다.

(사진1)

(사진2)

(사진3)

(사진4)

❖ 우리 전통음식은 소금덩어리라고 할 수 있습니다.

❖ 김치, 젓갈, 라면, 다양한 국, 생선구이, 하물며 커피 한잔에도 짠맛은 담겨 있습니다.

❖ 사람의 혀에 있는 오돌토돌한 돌기에는 맛을 감지하는 기능을 하는 미뢰라는 조직이 있는데, 미뢰의 기능은 나이가 들수록 떨어지기 때문에 한번 짠맛에 길든 사람은 갈수록 짠맛을 더 선호하게 됩니다.

❖ 짠맛에는 다른 맛을 증강시켜서 미각으로 느끼게 하는 힘이 있는데, 이것을 대비효과라고 합니다. 짠맛이 음식맛의 기본이 되는 것은 이러한 미각에 관계가 있기 때문입니다.

❖ 여성은 생리 후기에 기호로 하는 짠맛의 농도가 약간 높아진다고 합니다.

❖ 그러나 과다섭취는 고혈압 등 건강에 적신호가 되기에 적절한 조절은 건강을 위해 꼭 필요하다고 할 수 있습니다.

짠맛

함초

함초는 우리나라 서해안 개펄에서 자라는 한해살이 풀이다. 우리말로는 '퉁퉁마디'라고 하며 포기 모양이 산호와 흡사하여 산호초라고도 부른다. 염전이나 개펄주변에서 무리지어 자라며 줄기에는 마디가 많고 줄기와 잎의 구분이 없다. 진한 녹색을 띤 잎줄기는 가을철이 되면 붉게 물들어 바닷가 군락지가 온통 빨갛다. 채취는 사계절 아무 때나 가능하며 크는 시기에 따라 효능이 각각 다르다. 특히, 가을 함초는 성분과 맛, 향이 풍부하여 9월말 이후 빨갛게 색이 변할 때 채취하는 것이 좋다. 함초는 소금을 흡수하여 자라는 염생식물로서 칼슘, 칼륨, 마그네슘, 철, 요오드 등 인체에 유익한 각종 미네랄과 효소를 먹고 자라며. 이러한 효소와 미네랄이 농축되어 있으므로 섭취하면 인체에 쌓인 독소를 없애고, 숙변을 분해하여 몸 밖으로 배출하는 작용과 단백질과 지방을 분해한다. 특히, 풍부한 식이섬유는 장내 세균과 발암 물질을 신속하게 배설하여 항암작용과 변비, 비만을 해소한다. 맛이 짜기 때문에, **소금 대용으로 짠맛을 내는 천연양념**으로 사용이 가능하다.

① 함초의 효능

(1) 수험생의 학습능력 향상과 알츠하이머병에 효과
(2) 간의 독성 해소와 지방간 치유
(3) 면역력 증강
(4) 성인병 예방, 당뇨, 고혈압, 저혈압 치료
(5) 숙변제거, 비만증치료
(6) 피부미용 효과 – 기미, 여드름, 주근깨 등을 치유
(7) 갑상선 기능저하, 갑상선 항진증에 효과
(8) 기관지, 천식 치료 효과

② 함초 고르는 법

서해안 개펄, 염전 주변에서 채취 할 수 있다. 봄, 여름, 가을, 겨울 사시
사철 채취 할 수 있으며, 9월말 전후에 채취하면 특성과 성분이 풍부하
다. 전북 고창등 서해안 염전주변에서 채취한다.

③ 가공법

(1) 생즙을 짜서 간장 다리듯이 절반 분량으로 졸이면 오래 보관 할 수 있다.
(2) 즙을 말리면 함초 소금이 된다.
(3) 말려서 가루를 만든다.

④ 함초의 쓰임새

(1) 각종 요리에 소금대용으로 쓰인다.
(2) 살짝 데쳐 나물로 무친다.
(3) 해초류 (톳. 다시마 등)와 섞어 볶음을 한다.
(4) 해산물과 곁들여 샐러드를 만든다.

◗ 해초파전

◀◀ 재료
쪽파 100g, 굴 1/2컵, 톳 20g, 우무가사리 20g,
빨간해초 20g, 미나리 20g
밀가루 1컵, 찹쌀가루 1/2컵, 달걀 1개, 물 2컵

◀◀ 양념장
함초간장 1큰술, 식초 1/4작은술, 송송썬파, 설탕
1/4작은술, 레몬즙1/4 작은술

◗ 해초모둠볶음

◀◀ 재료
다시마줄기 50g, 톳 50g, 나문재 20g,
빨간 해초 10g

◀◀ 만드는법
식용유 1큰술, 다진마늘 1작은술, 다진파 2작은술,
참기름, 함초 소금 약간

TIP 함초와 모양이 비슷한 염생식물로서 나문재, 공작 등이 있으며, 성분은 다르지만 나문재는
바닷가 사람들이 나물로 먹기도 한다.

붉나무는 한국, 일본, 중국, 인도 등지에서 자생하는 옻나무과의 낙엽관목으로 오배자나무, 염부목, 굴나무, 뿔나무, 불나무라고도 불린다. 가을에 단풍이 가장 먼저 들며 타는 듯한 붉은색으로 매우 아름답다. 붉나무의 꽃은 8~9월에 피고 노란빛을 띤 흰색으로 꿀이 많아 꿀벌들의 밀원 식물이며, 꿀의 빛깔이 맑고 맛과 향기가 좋고 약효가 높다고 한다. 열매는 하얀 껍질로 덮여 있으며 10월경에 익는데, 맛은 짜고 약간 신맛이 나는 것이 특징으로, 소금이 귀중한 산간 지방에서 이 꽃 열매를 물에 담가 짠맛을 우러내 소금 대용으로 사용하였다고 한다.

이 붉나무 소금으로 간수대신 두부를 만들면 맛이 아주 좋은 두부를 만들 수 있는데 이는 붉나무 소금에는 전혀 독성이 없기 때문이다. 갓 자라나는 순은 채취하여 말려 보관하여 나물을 무쳐 먹는데, 묵나물이라 한다.

❶ 붉나무의 효능

(1) 잎, 줄기, 껍질은 화상, 피부병, 곪은 상처 치료에 도움이 된다.
(2) 잎, 껍질을 진하게 달여 복용하면 급 만성 대장염에 특효이다.
(3) 열매는 가래, 기침, 황달을 치료한다.

❷ 붉나무 채취

황백색 꽃의 개화기는 8~9월이고, 10월경에 열매를 맺는다. 이 때 수수
알만한 열매에 흰가루가 뽀얗게 씌워있는데, 이 열매를 채취한다.

❸ 가공법

(1) 열매를 채취하면 물을 붓고 주물러 면보에 걸러 소금물을 얻는다.
(2) 열매를 말렸다가 짓찧어 물에 주물러 짠맛을 우려내 사용한다.

❹ 쓰임새

(1) 두부를 만들 때 간수 대신 사용
(2) 소금 대신 모든 요리에 사용할 수 있음

응용요리

❗ 삼색두부

◀◀ **재료**
불린콩 500g, 볶은검은깨 60g, 붉나무 소금물
1컵, 물 15컵, 울금즙

◀◀ **양념소스**
다시물 2큰술, 간장 2큰술, 식초 1큰술, 레몬즙 1
큰술, 설탕 1작은술, 소금 1/4작은술, 쪽파 약간

❗ 깻잎장아찌

◀◀ **재료**
깻잎 500g, 밤 5톨, 홍고추 1개

◀◀ **절임 양념**
액젓 5큰술, 간장 5큰술, 양파즙 3큰술,
붉나무 소금물 2큰술

◀◀ **양념장**
간장 3큰술, 까나리액젓 3큰술, 고춧가루 3큰술,
물엿 3큰술, 다진마늘 2큰술, 통깨 약간

TIP 붉나무는 염부목이라 부르는데 소금처럼 시고 짠 열매가 열리기 때문이다.
붉나무는 높지않은 산기슭에서도 볼 수 있다.

재료 : 굴 1/2 컵. 홍합살이나 생굴 1/2컵, 톳 20g, 우무가사리 20g, 빨간해초 20g, 쪽파(손질한 것) 100g, 미나리 20g, 달걀 2개

반죽 : 밀가루 1C. 찹쌀가루 1/2C. 달걀 1개. 물 2C

양념장 : 함초간장 1큰술, 식초 1/4작은술, 설탕 1/4작은술, 레몬즙 1/4작은술, 송송썬파

1. 생굴과 홍합살은 연한 소금물에 살살 흔들어 씻어 건져 물기를 뺀다.
2. 해초는 찬물에 씻어 물기를 빼고 적당히 자른다.
3. 실파 뿌리쪽은 억세므로 칼로 자근자근 두들겨 알 맞은 길이로 자른다.
4. 미나리는 실파와 같은 길이로 자른다. (사진1)
5. 밀가루와 찹쌀가루는 체에 내려두고 달걀과 물을 잘섞어 달걀물을 만든다.
6. 가루에 달걀 물을 조금씩 부어 멍울이지지 않도록 반죽한다.
7. 후라이팬에 기름을 넉넉히 두르고 뜨거워지면 반죽 물을 약간 떠놓고 파를 가지런히 놓은 후 반죽을 살짝 끼얹는다. (사진2)
8. 해물과 해초를 놓고 약간의 반죽으로 해물위에 바르듯이 살짝 끼얹어 뚜껑 덮어 익힌다. (사진3)
9. 익은 파전에 푼달걀을 얹어 반숙으로 익혀 뒤집어 노릇노릇하게 지져 완성한다
10. 양념장을 곁들인다.

(사진1)

(사진2)

(사진3)

❖ 한국사람만큼 매운맛을 좋아하는 민족도 많지 않습니다.

❖ 오히려 더 맵고 강한 맛을 찾아 음식점을 기웃기웃하는 사람들도 부지기수입니다.

❖ 재미있는 점은 매운맛이 경기가 불황일 때 더욱 인기가 있다고 합니다.

❖ 매운 맛은 기운을 발산하는 성향이 있어 마음속에 고여 있는 우울함 및 스트레스를 해소
  시키는 역할을 하기 때문이라고 합니다.

❖ 요즘에는 다이어트 식품으로도 많이 애용되고 있습 니다.

매운맛

고추는 남아메리카 아마존강 유역이 원산지로 알려져 있는데 페루에서는 2,000년 전부터 재배한 것으로 기록되어 있다. 우리나라에는 임진왜란 전후에 일본을 통해 들어왔다는 설과 중국을 통해 들어왔다는 설이 있다. 문헌의 기록으로는 일본을 통해 들어 왔다는 설이 유력하다. 고추를 조선시대에는 고초라 하였다. '매운 풀' 이라는 뜻으로 고추의 타는 듯한 맛을 나타낸다.

고추는 품종에 따라 매운 정도가 다르며 고추의 매운 성분은 캡사이신(capsaicin)인데, 식욕 증진과 소화를 잘되게 하며 항산화 작용으로 김치를 담글 때 젓갈의 비린내를 없애주고 젓갈 지방의 산패를 막아줄 뿐 아니라 김치의 젖산균 발육을 좋게 해준다.

또한, 비타민A의 모체인 베타카로틴은 항암효과가 매우 좋고 비타민C 함량은 감귤의 2배이다. 고추 잎에도 비타민A, 단백질이 많다. 고추의 비타민C는 항산화 물질인 캡사이신 때문에 조리를 해도 손실이 적다.

❶ 고추의 효능

(1) 매운 성분이 소화액의 분비를 촉진하고 식욕을 돋운다.
(2) 비타민 A, C가 많아 피로 회복에 좋다.
(3) 베타카로틴 성분은 항암 효과가 있다.
(4) 시력을 좋게 하고 밤눈을 밝게 한다.
(5) 체지방을 분해하고 지방을 연소시켜 다이어트 효과가 있다.

❷ 좋은 고추 고르는 법

(1) 빛깔이 선명하고 빨간색이어야 한다.
(2) 당분과 산의 함량의 비율이 잘 조화되어 매운맛과 단맛이 잘 조화 되어야 한다.
(3) 건조가 잘되어 광택이 좋은 것이 좋다.
(4) 건조된 고추는 과피가 두껍고 진한 빨강(검붉은 색)이 좋다.
(5) 건조된 고추를 쪼갰을 때 씨의 색이 진한 노란 색이고 씨가 찌그러지지 않은 것이 좋다.
(6) 풋고추는 쭉 고르고 날씬한 것보다는 약간 휘어지고 쪼글쪼글한 느낌이 나는 것이 유기농이다.

❸ 고추의 가공

(1) 태양 볕에 바싹 말려 밀봉보관하고 사용하기 바로 전에 가루를 낸다.
(2) 고추장을 만든다.

닭날개양념조림

◀◀ 재료
닭날개 10개, 감자 1개, 녹말가루 1컵, 소금, 후추, 청주 2큰술

◀◀ 조림장
고추장 2큰술, 간장 1큰술, 설탕 1큰술, 스테비아 우린 청주 2큰술, 깨, 양파즙 2큰술, 마늘즙 1큰술, 생강즙 1작은술

배추김치

◀◀ 재료
배추 3포기(약 5kg), 굵은 소금 2컵, 물 10컵

◀◀ 속재료와 양념
무 1kg, 갓 100g, 미나리 10g, 쪽파 100g, 굴 100g, 찹쌀풀 2컵, 고춧가루 2컵, 액젓 1컵, 다진마늘 1컵, 설탕 2큰술, 다진생강 2큰술

TIP 고추의 매운맛은 캡사이신 성분인데 캡사이신 성분이 많은 청양고추와 중국, 동남아산 고추를 많이 먹으면 위장 점막 손상, 설사, 간장 기능을 해치기도 한다.

겨자씨는 인류 초기부터 향신료로 써왔다는 기록이 있고, 그리스 로마 시대 작품과 BC 3,000 년경에 쓰여진 인도와 수메르의 책에도 기록이 있다. 또한, 신약성서에는 겨자씨를 믿음의 상징으로 보고 있으며, 히포크라테스도 겨자씨를 약으로 썼다. 최근에는 전 세계적으로 거래되는 조미료로 애용되고 있다. 겨자의 품종으로는 지중해산 흰겨자(Sinapis Alba)와 히말라야산 겨자(Brassica Juncea)가 있다. 우리 나라에서는 남도지방과 제주도 등지에서 재배하며 황색겨자가 주종을 이룬다. 겨자씨는 매우 작아 작은 것을 말할 때 인용되며 맵고 향기성분이 있어 양념과 약재로 사용된다. 겨자의 매운 성분은 알킬이소시아네이트인데 이 성분이 겨자씨에 들어있는 시니그린과 시날빈(sinalbin) 등의 유황 배당체에 미로시나제라는 효소가 작용하여 만들어진다. 겨자가루는 따뜻한 물 (약 30℃)에서 재빨리 개어야 효소미로신에 의해 휘발성인 아겨자유가 유지되어 매운맛과 향을 내게 된다. 이 매운 맛과 향이 육류의 냄새와 생선의 비린맛을 없애준다.

1 겨자의 효능

(1) 몸이 찬 사람에게 좋다.
(2) 편도선염과 폐렴에 좋다
(3) 요통, 좌골신경통, 관절염, 디스크, 견비통, 피로회복, 각종 통증에 탁월한 효과가 있다.

2 겨자의 종류

(1) 지중해산 흰겨자 – 연한 노란색
(2) 히말라야 산 겨자 – 짙은 노란색

3 가공법 (3가지 형태)

(1) 씨를 통째로 말려 가루로 만든 것을 물에 개서 쓴다.
(2) 식초, 포도주 등에 섞은 것
(3) 씨겨자 : 겨자씨 가른 것에 식초와 설탕 등을 조재한 것
(4) 녹말가루나 밀가루를 섞어 매운 맛을 줄인 것

4 겨자의 쓰임새

(1) 채소, 생선, 해초 등의 냉채소스, 스테이크소스, 샌드위치소스
(2) 겨자찜질용 – 겨자가루와 녹말가루를 3 : 1 비율로 섞어 뜨거운 물에 갠 다음 거즈에 붙여 통증부위에 찜질한다.

불고기냉채

◀◀ **재료**
쇠고기(불고기용)100g, 상추 50g, 깻잎 20g, 오이 50g, 양파 1/4개, 치커리 20g

◀◀ **쇠고기 양념**
간장 1큰술, 설탕 1작은술, 다진마늘 1/2작은술, 배즙 1작은술, 참기름·후추 약간

◀◀ **겨자소스**
갠겨자 1큰술, 식초 3큰술, 갈은 방울토마토 2큰술, 배즙 2큰술, 설탕 2큰술, 소금 1/2작은술

채소샐러드

◀◀ **재료**
양상추 100g, 적상추 20g, 피망 1/4개, 파프리카(빨강, 노랑, 주황) 각각 1/4개, 방울토마토 5개

◀◀ **소스**
적포도 식초 3큰술, 다진마늘 1작은술, 올리브오일 3큰술, 머스터드 1큰술, 다진양파 1작은술, 소금 1작은술

TIP 냉채 요리에 쓰이는 육류는 익혀 소스를 약간 넣고 먼저 버무려 차게 식혀 나머지 야채를 곁들여 소스를 뿌린다.

고추냉이 (와사비)

고추냉이는 십자화과의 여러 해 살이 풀로 일본과 유럽 동남부가 원산지이며, 산골짜기의 물이 흐르는 곳에서 자란다. 우리나라에서는 울릉도와 철원 지방에서 재배되고 있는데 수온이 18℃로 일 년 내내 일정한 온도를 유지하는 지하수가 솟아나는 곳에서 자라며 보통 18개월 이상 재배하여야 상품으로 생산할 수 있다. 고추냉이는 뿌리, 줄기, 잎 등에 특유의 맛과 향, 매운맛을 가지고 있어 특히 일본요리의 필수 향신료라 할 수 있다. 고추냉이는 식욕증진과 매운맛인 시니그린은 살균력을 가지고 있기 때문에 식중독을 방지하고, 인체 내의 비타민 B_1의 합성 증강, 장 내에서 비타민 C의 안정성을 유지하며, 항암, 항균 작용을 한다. 생고추냉이는 매운맛이 강하고 향기가 뛰어나지만 재배가 어려워 몹시 고가에 거래되고 있으며, 분말 고추냉이는 서양고추 냉이와 여러 성분을 배합하여 가공하였으므로 매운맛은 있으나, 생고추냉이 특유의 향기는 거의 없다.

1 효능
(1) 항균 효과가 있다.
(2) 발한효과 - 감기에 효과
(3) 편도선, 급성폐렴, 류마티스
(4) 동상에 효과

2 와사비
껍질은 검푸르고 혹이 많고 연한 녹색으로 향이 있는 것

3 가공법
(1) 근경을 잘게 썰어 껍질이나 고운강판에 갈아 쓴다.
(2) 분말 고추냉이는 미지근한 물에서 되직하게 개서 쓴다.

4 쓰임새
생선회, 초밥, 소바, 냉채 소스, 생선구이, 퓨전스테이크 소스
뿌리, 잎, 줄기 등 모든 부위에 향미, 매운 맛을 가지고 있으며, 잎과 줄기
는 김치, 장아찌를 담근다.

응용요리

라이스페이퍼 참치냉채말이

◀◀ **재료**
라이스 페이퍼 10장, 배 1/4개, 양파 1/4개, 깻잎
10장, 오이 1/2개, 파프리카, 무순 50g

◀◀ **와사비소스**
갠와사비 1큰술, 배즙 3큰술, 식초 3큰술, 설탕
2큰술, 액젓 1큰술

와사비햄버거스테이크

◀◀ **재료**
다진 쇠고기 200g, 다진양파 50g, 빵가루 3큰
술, 다진샐러리 50g, 우유 1/2컵, 소금 · 후추 ·
넛맥 약간

◀◀ **곁들임 채소**
브로컬리 50g, 토마토 1/4개, 느타리버섯 10g,
양송이 버섯 1개

◀◀ **와사비소스**
밀가루 1큰술, 버터 1큰술, 갈은 양파 2큰술,
생와사비 갈은 것 1큰술, 우유 1컵,
생크림 1/4컵, 소금, 후추 약간

TIP 우리가 흔히 말하는 와사비는 일본이름이다. 분말와사비는 밀봉을 하여 빛을
차단하여 서늘하고 어두운 곳에 보관하고 갠와사비도 밀봉하여 보관한다.

추는 인도 남부가 원산지이며 고대 그리스 로마 시대 때부터 거래가 되었던 향신료로서 우리나라에는 실크로드를 통해 인도를 거쳐 중국으로부터 유입되었으며, 고려 때 서적인 『파한집』에 처음 그 명칭이 보인다. 호국의 산초를 생략하여 후추라 지칭하였다 한다. 열매는 장과로써 직경이 5~6mm의 구형이며, 붉게 익는다. 속명인 피페릴(pippeli)은 아리안어에서 유래한다. 종명인 니그렘(nigrem)은 '검은빛'을 뜻한다. 피페린, 자비신은 정유 성분이며 구풍제, 매운맛, 건위제 등으로 쓰이고, 식품의 향신료로서 매우 중요한 위치를 차지하고 있다. 채 익기 전에 따서 말려 검은 색이 나는 것을 '흑후추', 완전히 익은 열매를 물에 담가 불린 후 껍질을 벗겨 말린 것은 '흰후추' 이다. 흑후추는 매운 맛이 비교적 강하고, 흰 후추는 매운 맛이 약하고 부드럽다.

❶ 후추의 효능

후추는 소화액의 분비를 촉진하는 향신료로서 비타민 C의 산화를 방지
하고, 추위와 풍을 제거하여 진통의 효과가 있다.
(1) 육류의 냄새 제거, 생선의 비린내 제거
(2) 방부제 역할
(3) 비타민 C와 기름의 산화 방지
(4) 소화액의 분비 촉진, 식욕촉진
(5) 후추기름 성분은 리놀렌산으로 동맥경화 등 순환기계통의 질병치료
   효과

❷ 후추 가공법

덩굴 식물인 후추는 이삭모양의 열매로 완전히 익기 전에 따서 건조시켜
사용하기 전에 분쇄한다.

❸ 후추의 쓰임새

(1) 요리의 기본 향신료로 독특한 향과 매운맛을 낸다.
(2) 육류, 생선요리의 냄새제거
(3) 음료의 향신료

응용
요리

● 배숙

◀◀ **재료**
배 1개, 생강 50g, 물 10컵, 설탕 1컵,
통후추 2큰술, 잣 1큰술

● 카르보나라 스파게티

◀◀ **재료**
스파게티면 100g, 양파 50g, 양송이버섯 50g,
베이컨 50g, 다진 파슬리

◀◀ **크림 소스**
올리브 오일 1큰술, 홍고추 1개, 달걀 노른자 1개,
생크림 1컵, 화이트와인 3큰술, 바질 2잎,
소금 약간, 통후추 10개

TIP 흰 후추는 주로 흰 살 생선요리와 크림소스 등 검은색이 두드러지지 않은
요리에 사용하고, 검은 후추는 맛이 강한 육류 요리에 주로 사용한다.

재료 : 라이스 페이퍼 10장, 배 1/4개, 양파 1/4개, 깻잎 10장, 오이 1/2개, 파프리카(빨강, 노랑, 주황 각각 1/4개), 무순 10g

와사비 소스 : 갠 와사비 1큰술, 배즙 3큰술, 식초 3큰술, 설탕 2큰술, 액젓 1큰술

1. 라이스 페이퍼는 따뜻한 물에 적셔낸다. (사진1)
2. 각색 파프리카는 가늘게 채썬다.
3. 깻잎은 돌돌말아 채썰고, 무순은 씻어 물기 거둔다.
4. 오이는 돌려 깍아 채썬다. (사진2)
5. 배와 양파는 채썰어 찬물에 헹궈 물기 뺀다.
6. 부드럽게 불려진 라이스 페이퍼에 채썬 재료를 가지런히 놓고 돌돌 말아 먹기 좋게 썬다. (사진3)
7. 갠 와사비에 배즙, 식초, 설탕, 액젓을 섞어 소스를 만들어 찍어먹는다. (사진4)

(사진1)
(사진2)
(사진3)
(사진4)
(사진3)

❖ 뜨거운 밥 한 숟가락에 적당히 익은 새콤달콤한 김치를 한 쪼가리 얹어 먹는 감칠맛은 상 상만으로도 군침이 넘어갈 만큼 매혹적입니다.

❖ 신맛은 짠맛, 단맛과 같은 생리적인 맛과는 달리, 감정에 의해 미각이 지배되는 정서적인 맛으로 분류할 수 있습니다.

❖ 신맛은 긴장감이 있을 때 미각의 예민도가 저하되는 한편, 긴장감이나 스트레스를 완화시 키는 역할을 합니다.

❖ 상쾌한 기분이 신맛에 의해 생겨나는 것은 그 때문입니다. 또 짠맛이나 알코올 맛을 완화 시키는 작용도 있습니다.

신맛

유자

　　유자의 원산지는 중국의 양쯔강 상류 지방이며, 신라시대 장보고에 의해 당나라로부터 유입되어 조선 세종 시대에는 전라도와 경상도 지방에서 재배 하였다는 기록이 있다. 최근에는 전라남도 고흥, 완도, 경상남도의 거제, 남해 등지에서 주로 재배하고 있다. 종류는 청유자, 황유자, 실유자가 있는데, 한국, 일본, 중국 등지에서 주로 재배하며, 한국산이 향이 진하고 껍질이 두꺼워 향신료 등으로 유용하게 쓰인다. 유자는 비타민 C가 100g당 바나나의 10배, 레몬의 3배, 감의 2배인 150mg이 들어 있다. 구연산, 비타민 B, 칼슘 등도 풍부하여 골격형성과 성인의 골다공증 예방에도 효과가 있다. 헤스페레딘 성분은 뇌혈관 장애와 노폐물을 배설하며, 피닌, 미르신, 터르피닌 등의 성분은 항산화 작용을 하여, 노화예방과 암 등의 질병을 예방한다. 특히 유자의 독특한 방향 성분과 새콤한 맛은 잼, 젤리, 식초, 차 등으로 쓰이고 있다.

① 유자의 효능

(1) 헤스페레딘 : 모세혈관 보호, 뇌출혈 예방, 고혈압 예방, 간의 해독작
  용을 도와 피로 회복에 좋다.
(2) 리모노이드 : 항 발암 효과
(3) 리모넨 : 혈액순환 촉진, 목의 염증 완화, 위암, 폐암, 피부암 억제 효과
(4) 펙틴 : 신진대사 촉진, 피부가려움증 억제 효과
(5) 카르티노이드 : 전립선암 예방
(6) 구연산 : 피로회복, 식욕촉진

② 한국의 재배 유자

과피가 두껍고 종자가 없거나 적어야 하며 과실이 커야 한다. 유자의 풍
부한 구연산과 특수성분들은 껍질에 많기 때문에 껍질을 섭취하는 것이
좋다.

③ 가공법

(1) 즙을 짜서 꿀과 당류를 첨가
(2) 유자식초 : 원액을 자연 발효
(3) 유자잼 : 유자에 설탕을 넣어 졸인다.
(4) 유자청 : 유자에 설탕물, 꿀을 넣어 재워 밀봉

④ 유자의 쓰임새

샐러드드레싱, 떡의 재료: 음료, 숙채 생채무침양념, 맑은 국 소스재료,
생선요리 비린내제거

유자소스샌드위치

◀◀ **재료**
크로와상 2개, 토마토 1개, 닭가슴살 100g,
치즈 4장, 양상추 4잎, 양파 1/4개, 치커리 5장
소금, 후추, 넛맥,

◀◀ **유자소스**
유자청 1/2컵, 레몬껍질 다진 것 2큰술, 레몬즙
1큰술, 소금 1작은술

유자배화채

◀◀ **재료**
유자 2개, 배 2개, 석류알 2큰술, 잣 1큰술

◀◀ **시럽국물**
끓인 물 3컵, 설탕 9큰술, 꿀 2큰술 → 차게
식힌다.

TIP 유자는 직접 끓이면 떫은 맛이 나므로, 설탕이나 꿀 등에 재워 뜨거운 물에 우려내어 음용하는 것이 좋다. 유자에
는 방향물질이 있어 방향제로서 신선한 향을 즐길 수 있고, 비누, 샴푸, 오일 가공품이 생산되어 시판되고 있다.

레몬

레몬의 원산지는 히말라야 서부지역이며, 품질 좋은 지중해 연안산을 비롯하여 미국, 스페인, 이탈리아 등지에서 재배, 생산되고 있다. 중국에서는 이미 1,700년 전에 화타라는 의사에 의해 식사를 한 후 레몬을 먹으면 지방이 빨리 분해되어 살이 찌는 것을 예방할 수 있다는 것을 알게 되어 기름기가 많은 중국식 요리에 레몬을 많이 이용하게 되었다. 레몬에는 비타민 C, 칼슘, 인, 칼륨 등이 많이 들어 있는데 신맛은 주로 구연산이고 주석산 등도 함유하고 있다. 최근 레몬에 대한 연구가 활발해지고 있는데 항암작용, 당뇨병에 의한 합병증 억제, 고혈압 예방 등의 효과가 있는데, 이는 활성산소를 억제하는 항산화성분인 비타민 C와, 구연산의 피로물질 분해와 신진대사를 활발하게 하는 작용 때문이다. 레몬의 신 맛은 음식의 맛을 상큼하게 하여 생선의 비린 맛을 제거한다.

① 레몬의 효능

(1) 괴혈병 예방, 면역력 증강
(2) 간기능 증진 – 해독작용
(3) 피로회복
(4) 피부미용
(5) 에리오시트린 – 항산화작용, 당뇨병의 합병증 예방

② 좋은 레몬 고르는 법

윤기가 나며 무겁고 얼룩이 없는 것이 좋다.

③ 레몬 가공법

(1) 가공하지 않고, 신선한 것을 바로 착즙하여 사용하는 것이 좋다.
(2) 레몬 껍질에 비타민 C가 많으므로 소금으로 문질러 씻은 후 뜨거운
   물을 끼얹어 유해성분을 제거하고 사용한다.

④ 레몬의 쓰임새

(1) 새콤한 맛을 내는 소스
(2) 생선의 비린내를 없애고 생선요리에 레몬즙을 뿌리면 지방을 분해하
   여 소화를 잘되게 한다.

생선튀김 레몬소스

◀◀ **재료**
흰살생선 200g, 소금, 후추, 백포도주,
녹말가루 1컵

◀◀ **소스**
붉은피망 1/4개, 피망 1/4개,
노란파프리카 1/4개, 양파 1/4개, 마늘 2쪽,
물 1/2컵, 레몬즙 3큰술, 식초 2큰술,
설탕 4큰술, 소금 1/4작은술

문어 초절이

◀◀ **재료**
문어 100g, 오이 50g, 무 50g, 홍고추 반개,
대파. 미역 20g

◀◀ **소스**
식초 3큰술, 레몬즙 2큰술, 설탕 2큰술,
다시물 2큰술, 소금 1/4작은술

TIP 레몬차를 마실 때는 물 1컵에 레몬 1개분의 즙을 섞어 꿀이나 설탕, 스테비아
잎 3장을 타서 마시면 좋다.

유자소스 샌드위치

재료 : 크로와상 2개, 토마토 1개, 닭가슴살 100g, 치즈 4장, 양상추 4잎, 양파 1/4개, 치커리 5장, 소금. 후추, 넛맥, 식용유

유자소스 : 유자청 1/2컵, 레몬껍질 다진 것 2큰술, 레몬즙 1큰술, 소금 1작은술

1. 유자청, 레몬껍질 다진 것, 레몬즙, 소금을 냄비에 넣고 조려 소스를 만든다.

2. 빵은 반갈라 유자소스를 바른다. (사진1)

3. 닭가슴살은 도톰하게 썰어 소금, 후추, 넛맥을 넣어 간하여 후라이팬에 기름 두르고 구워낸다. (사진2)

4. 양상추와 치커리는 손으로 적당히 뜯어 물기를 거 둔다.

5. 양파와 토마토는 0.5cm 두께로 썬다.

6. 치즈는 2등분한다.

7. 유자 소스 바른 빵에 양상추, 치커리를 얹고 유자 소스를 바른 후, 양파와 토마토, 치즈 순으로 얹어 유자청을 바른 후 빵으로 덮는다. (사진3)

(사진2)
(사진3)
(사진2)

❖ 봄이 오면 몸이 나른해지면서 식욕도 떨어지게 됩니다.

❖ 그러다보니 자연스럽게 식욕을 돋우는 음식을 찾게 됩니다.

❖ 봄철 별미나 특급호텔 주방장의 손을 거친 특선 요리를 머릿속에 떠올리기도 합니다.

❖ 하지만 한 스푼만으로 잃어버린 입맛을 되찾아 주는 게 있습니다.

❖ 바로 향신채입니다.

❖ 독특한 향과 질감, 색깔의 향신체는 음식에 색다른 맛을 더해주게 됩니다.

향신채

생 강의 원산지는 동인도의 힌두스탠 지역과 중국의 사천성 지역이라 알려져 있으며, 우리나라에는 고려시대에 사신으로 갔던 '신만석' 이라는 사람이 가져와 전주 부근 봉동지방에서부터 재배되기 시작하였던 것으로 알려져 있다.

생강은 사용 방법이 다양한 약재로 또는 음식의 양념으로 현대 의학에서는 진저롤(Gingerol)과 쇼가올이 주성분으로 항암 성분인 것으로 밝혀지기도 하였고, 캡사이신 성분은 열 생성 작용을 하여 다이어트에도 효과가 있는 것으로 알려져 있다. 또한, 음식의 유해 물질을 없애주어 식욕을 돋워주고 소화를 촉진시키며, 항균, 살균 작용과 방향 성분은 식중독과 생선의 비린내와 육류의 누린내를 제거할 뿐만 아니라 독특한 풍미를 더해준다. 풍부한 식이섬유는 대장운동을 활발하게 할 뿐 아니라, 대장 속 유해균과 항암물질을 배출시키는 역할도 한다.

① 생강의 효능

(1) 열 생성작용으로 체지방을 감소하여 다이어트에 도움을 준다.
(2) 독을 해독하고 생선, 어패류 등의 살균 효과가 있다.
(3) 콜레스테롤 상승을 억제하고, 혈액 점도를 낮춰 고혈압을 예방한다.
(4) 디아스타제와 단백질 분해 효소가 있어 소화를 돕고, 멀미를 진정시키는 효과도 있다.
(5) 생강의 매운맛은 땀을 내고 소변을 잘 나오게 하여 붓기를 가라앉힌다.
(6) 식이 섬유 – 장을 연동시켜 변비 예방
(7) 진저롤 – 대장암 예방, 치료

② 생강 고르기

쪽이 굵고, 굴곡이 적으며 껍질이 얇아 색이 진하고 투명하며 섬유질이 적은 것이 좋다.

③ 생강의 가공

(1) 생강은 얇게 저며 썰어 건조한 뒤 분쇄한다.
(2) 생것을 다지거나 저며 음식에 넣어 먹는다.
(3) 얇게 저며 소주나 청주에 넣어 맛을 우려 요리의 조미료로 활용한다.
(4) 얇게 저며 설탕이나 꿀에 재워 둔다.

④ 생강의 쓰임새

(1) 생선 조림 , 생선회 (소화를 돕는다.)　　(2) 육류 요리
(3) 차 : 생강차, 대추차, 수정과 등의 음료　(4) 술 : 이강주
(5) 찧어 거즈에 붙여 관절염, 류머티즘의 통증 완화
(6) 살짝 데쳐 설탕이나 꿀에 졸인 후 말려 간식으로 먹는다.

응용요리

장어구이

◀◀ 재료
장어 2마리, 생강 1톨, 마늘 3톨,
통계피 10cm, 무순

◀◀ 고추장 소스
장어뼈 국물 1/2컵, 고추장 3큰술, 간장 1큰술,
맛술 2큰술, 설탕 1큰술

◀◀ 간장소스
장어뼈국물, 간장 3큰술, 미림 2큰술,
설탕 1큰술, 물엿 1큰술, 생강즙 1큰술

등푸른 생선조림

◀◀ 재료
삼치 1마리, 소금, 후추, 생강즙 1큰술, 녹말가루,
당근 100g, 밤 5개, 양파 1/2개

◀◀ 양념장
다시마물 1컵, 간장 3큰술, 생강즙 1큰술,
청주 2큰술, 설탕 1큰술, 물엿 1큰술, 후추

TIP 생강은 섬유소가 풍부하므로 얇게 저며 썰어 소금물에 데쳐 설탕, 물엿, 꿀
등을 넣어 졸여내어 설탕을 묻혀 건조시켜 간식으로 먹으면 좋다.

마늘

마늘의 원산지는 중앙아시아 또는 이집트로 알려져 있다. 고대 이집트 시대부터 재배되어 피라미드를 쌓는 노예들에게 지급되었다는 기록이 있다. 우리나라 삼국유사에 실린 건국 설화에는 쑥과 마늘을 먹은 곰이 사람이 되어 단군을 낳아 우리의 시조가 되었다는 기록이 있다. 이렇듯이 마늘은 아주 오래전부터 인류가 힘을 얻거나 병을 치료하는 식품으로 냄새를 빼고는 100가지의 이로움이 있다고 전해오는데(日害百利), 우리의 식탁에 하루에도 빠지지 않는 김치를 비롯한 요리의 양념으로서 고기의 누린내와 생선의 비린내를 없애주고 맛을 좋게 해주며 소화를 돕는다.

마늘의 특유의 냄새는 황화아릴이며, 마늘의 알리신 성분은 살균 작용과, 비타민 B_1의 흡수를 높이고, 효능을 높여 주며 당질을 에너지로 바꿔 피로회복과 기운을 복돋워주는 강장 식품이다. 마늘의 효능은 전해지는 한의서뿐만 아니라, 민간요법, 현대 의학의 임상실험을 통해서 밝혀지고 있다.

❶ 마늘의 효능

(1) 항암 효과 : 장암, 췌장암, 간암, 위암, 폐암 등을 억제하는 연구결과
가 발표되어 있다.
(2) 고혈압 예방 : 항산화 효과가 있어 혈액의 세포를 지키며 콜레스테롤
수치를 낮춰 혈액의 흐름을 좋게 한다.
(3) 당뇨병 치료 : 인슐린 분비를 촉진한다.
(4) 노화 예방 : 혈액과 세포를 건강하게 하며, 말초혈관을 확장시켜 세포
에 혈액과 산소를 고루 공급하여 노화를 억제한다.
(5) 정력 강화 : 호르몬 활동을 조절하여 난소나 정소의 기능을 좋게 하
며, 정자의 기능을 활발하게 한다.
(6) 피로회복, 신경 안정 효과
(7) 소화기 계통의 기능을 강화한다.
(8) 간 기능 향상 – 간세포의 기능을 활성화 시킨다.
(9) 해독 작용 – 각종 중금속 및 독물의 흡수를 억제하는 효과가 있다.

❷ 좋은 마늘 고르기

알이 크고 껍질이 잘 말라 딱딱하며, 윤기가 나고 색깔은 하얗고 줄기가
붙어 있는 것이 좋다.

❸ 마늘의 가공

(1) 깨끗하게 손질한 마늘은 얇게 썰어 후라이팬에 바삭하게 구워 분쇄한다.
(2) 얇게 저민 마늘을 술에 담가 조리 시 사용하면 좋다.
(3) 기름을 넉넉하게 넣고 얇게 저민 마늘을 넣고 끓으면 여과지에 걸러
유리병에 담고 밀봉하여 냉장 보관하여 볶음 요리에 쓰면 좋다.

▶ 비프롤

◀◀ 재료
쇠고기 안심 200g, 표고버섯 3장, 양파 1/2개,
홍고추 1개, 피망 1개, 깻잎 10장, 마늘 10톨

◀◀ 양념장
간장 2큰술, 배즙 1큰술, 설탕 1큰술,
다진마늘 1작은술, 다진파 2작은술,
참기름 1작은술, 후추, 깨

▶ 마늘소스 해파리 냉채

◀◀ 재료
해파리 400g, 오이 1개, 새우 10마리

◀◀ 마늘 소스
다진 마늘 2큰술, 식초 6큰술, 레몬즙 2큰술,
설탕 4큰술, 간장 1작은술, 소금 1작은술

TIP 마늘기름 만드는법 : 마늘 10톨, 양파 1/2개, 마른고추 2개, 깻잎 2장, 생강 1톨, 식용유
2컵 → 모든채소 얇게 썰어 기름을 붓고 약한 불에서 노릇하게 될 때까지 끓여 거른다.

파

의 원산지는 중국으로 알려져 있으나 야생종이 발견 되지 않아 정확하지 않다. 추위와 더위에 강하여 북쪽은 시베리아에서부터 남쪽은 열대지방까지 고르게 분포되어 있다. 중국에서는 고대시대부터 재배되었다는 기록이 남아 있으며 우리나라에는 고려시대 이전에 유입되었을 것으로 추정된다.

파는 특수한 향기가 있어 옛날부터 약용으로 사용되었고, 김치의 재료로, 요리의 보존 재료로서 사용된다. 특히, 육류의 소비가 늘어나면서 파가 양념으로 자리 잡아 진공 냉동 건조법에 의해 가공품의 개발도 늘어나고 있다. 파 특유의 향기 성분인 알리신(Allicin)은 비타민 B_1의 체내 흡수율을 높여주며 당질의 분해를 촉진하여 피로회복과 혈행을 촉진하고 특정 병원균에 대해 강력한 살균을 가지고 있다. 특유의 냄새는 고기나 생선의 나쁜 냄새를 제거한다. 또한, 비타민C는 토마토의 1.5배나 되며, 비타민A, 무기질 등도 고루 들어 있다.

1 파의 효능

(1) 비타민 C가 풍부하여 피부 미용에 좋다.
(2) 칼슘 함량이 80mg이나 들어 있어 뼈를 튼튼하게 한다.
(3) 파의씨는 정액보충과 눈을 밝게 한다.
(4) 파뿌리는 생강, 굴 껍질과 달여 마시면 초기감기에 효과가 있다.

2 좋은 파 고르는 법

(1) 대파 : 줄기가 싱싱하고, 흰 부분과 파란 부분의 구분이 선명하며, 흰 부분이 길고 윤기가 있는 것이 좋다.
(2) 쪽파 : 가는 것보다는 통통한 것이 좋다.
(3) 실파 : 잎부분이 깨끗하고 싱싱하며 반듯한 것이 좋다.

3 파의 저장

(1) 화분에 심어 놓고 사용한다.
(2) 신문지나 비닐에 싸서 냉장 보관한다.
(3) 깨끗이 손질하여 적당히 토막을 내 밀폐용기에 담아 냉동 보관한다.

4 파의 쓰임새

한식 요리의 필수 기본 양념. 생채, 전, 생선, 고기, 찜, 탕, 조림, 구이 등의 양념으로 쓰인다.

제육파말이

◀◀ 재료
돼지고기 안심 300g, 대파 흰부분 3대,
찹쌀가루 1컵, 소금, 후추, 생강즙, 청주

◀◀ 겨자소스
갠겨자 1큰술, 식초 3큰술, 설탕 2큰술,
소금 1/4작은술, 스테비아즙 1작은술, 참기름

쇠고기 무국

◀◀ 재료
쇠고기(양지머리) 300g, 무 100g

◀◀ 국물
물 8컵, 국간장 1큰술, 3o파 1대, 홍고추 1/2개,
마늘 생강, 소금, 후추

TIP 미역과 파는 같이 먹지 않는다. 물리적인 질감으로 파와 미역은 점액질의 미끈거리는 느낌이 맛을 느끼는 혀의 세포를 덮어 음식의 맛을 느끼는데 방해가 된다. 영양학적으로는 파의 인, 유황 성분이 미역의 칼슘 흡수를 방해한다.

부추

부추는 우리나라의 전통 채소로서 중국, 일본 등에서만 재배되고 식용으로 쓰이며 서양에서는 재배하지 않는다고 한다. 지방에 따라 호칭이 달라 경상도에서는 '정구지', 전라도는 '솔' 등으로 불리며 그 밖의 지방에서는 '부추' 라 한다. 부추는 독특한 냄새와 맵싸한 맛이 있는 영양소가 많은 채소로서 기운을 북돋워 준다하여 '가양초' 라 하며, 스님들의 수행에 방해가 된다하여 삼가는 '오신채' 중의 하나로 정력을 증진시키는 식품이다. 한번 심어 놓으면 돌보지 않아도 잘 자라며, 봄부터 초겨울까지 재배할 수 있고, 잘라내면 곧 새순이 돌아 도시에서도 화분에서 재배가 가능하며 필요할 때 곧 채취하여 쓸 수가 있다. 부추는 열을 내는 식품으로 간과 신장에 이로우며 혈액순환을 돕고 신진대사를 활발하게 하여 몸이 찬 사람이 섭취하면 몸을 따뜻하게 해주며, 혈액 순환을 좋게 한다. 각종 영양소를 고루 듬뿍 함유하고 있다. 부추는 비타민 A, B_1, B_2, C 등이 풍부하여 비타민의 보고로 불리며 채소 중에서 드물게 단백질, 지방, 탄수화물 등이 들어 있고, 칼슘, 칼륨 등 무기질도 풍부하다.

1 부추의 효능

(1) 장을 튼튼하게 한다.
(2) 간과 신장을 이롭게 한다.
(3) 항 발암 및 항암 효과가 높다.
(4) 강장 효과가 있다.
(5) 여성의 생리량을 증가시켜 나쁜 피를 배출시키고 생리통을 완화한다.

2 좋은 부추 고르는 법

(1) 잎의 색이 진한 녹색인 것
(2) 향이 강한 것
(3) 재래종과 재배종에 따라 잎의 넓이나 두께에 차이가 있으나 쪽 고르고 꺾이지 않는 것이 좋다.

3 가공법 및 사용법

(1) 갈아서 생즙을 만든다.
(2) 건조하여 분쇄하여 밀봉한다.
(3) 김치를 담근다.
(4) 고기구이나 생선 요리에 쓰인다.
(5) 국이나 찌개에 넣는다.

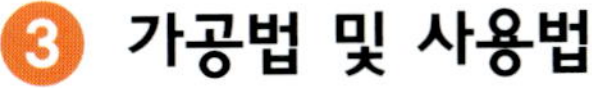

응용 요리

만두

◀◀ **재료**
밀가루 1컵, 소금 1작은술, 따뜻한 물 1/3컵,
다진 돼지고기 100g, 부추 50g, 양파 50g,
당근 50g, 후추, 청주 1큰술, 소금 1작은술,
생강즙 1작은술, 참기름 1작은술

오이소박이 물김치

◀◀ **재료**
오이 10개, 천일염 5큰술, 물 1컵

◀◀ **양념**
부추 100g, 다진마늘 3큰술, 다진생강 1/2큰술,
고춧가루 2큰술, 설탕 1큰술, 까나리 액젓 2큰술

◀◀ **국물**
물 10컵, 배즙 1컵, 양파즙 1/2컵, 소금 5큰술

TIP 부추는 일반적으로 중국 부추라하는 호부추, 우리나라 재래종, 주로 생채나
샐러드 용으로 쓰이는 영양부추가 있다.

달래

달래는 이른 봄 우리나라 산이나 들에서 돋아나는 다년초이며 소산, 야산, 산산 등으로 불리고 있다. 줄기는 가늘고 길며 뿌리는 둥근 모양에 잔뿌리가 있다. 꽃은 4월경에 흰색과 붉은 빛이 도는 흰 꽃이 핀다. 둥그란 뿌리와 잎을 채취하여 나물로 무쳐 먹고, 다져서 양념소스에 사용하며 김치와 찌개 등에 넣어 다양한 요리에 활용하고 있다. 달래의 독특한 매운 맛과 쌉싸래한 맛은 식욕을 돋워준다.

달래는 무기질, 비타민 등이 고루 들어 있고, 특히 비타민 C와 칼슘, 단백질 등이 풍부한 알칼리성 식품으로 몸의 활력을 주어 나른한 봄 춘곤증을 이기는데 좋은 식품이다. 특히 비타민 C와 비타민 B, 철분 등은 신경 안정제로서 불면증에도 효과가 있는 것으로 알려져 왔으며, 피부의 신진대사를 촉진하여 피부 노화를 방지하고, 월경불순, 빈혈치료에 효과가 있다. 현대에 발표된 논문에도 달래의 항암 작용에 대한 연구결과가 보고되고 있다. 기침, 감기, 백일해, 기관지염 등의 거담제로 사용하며, 편도선염의 염증을 제거하고 진통, 해독 작용을 한다.

❶ 달래의 효능

(1) 달래의 살균 소염 작용 – 독충에 물렸을 때 뿌리를 찧어 바른다.
(2) 항발암 물질 – 항암효과
(3) 비타민 C–피부 노화 방지, 기미 · 주근깨 생성 예방
(4) 칼슘, 비타민 B_1 – 불면증 해소, 스트레스 해소

❷ 좋은 달래 고르는 법

(1) 달래는 이른 봄 산과 들, 밭둑 등에 자생하므로 채취하면 매운 맛이 강하고 맛도 좋다.
(2) 줄기가 싱싱하고 알뿌리가 가지런한 것이 좋다.

❸ 달래의 가공법

(1) 식용 : 신선한 것을 요리하는 것이 좋다.
(2) 약용 : 말려서 밀봉한다.
(3) 술 : 뿌리와 수염부분을 소주에 담가 먹는다.
(4) 장아찌 : 간장, 식초, 설탕 약간을 넣어 만든다.

❹ 달래의 쓰임새

생채, 샐러드 소스, 전, 찌개, 육류 요리 시 다져서 양념으로 사용

응용요리

굴밥

◀◀ **재료**
불린 쌀 3컵, 굴 200g, 생강

◀◀ **양념장**
진강장 5큰술, 고춧가루 2작은술, 다진마늘 1큰술, 송송썬 달래, 깨, 참기름 1작은술

맥적

◀◀ **재료**
돼지고기 목살 300g, 달래 10g, 부추 20g

◀◀ **양념장**
된장 1큰술, 물 1큰술, 청장 1작은술, 청주 1큰술, 물엿 1큰술, 설탕 1/2큰술, 참기름 1작은술, 다진 마늘 1큰술, 생강즙 1 작은술, 깨, 후추

TIP 연한 달래는 뿌리등 부분은 겉껍질을 벗겨내고 칼등으로 눌러 매운맛을 줄여 생채 무침, 샐러드 등으로 사용하고 굵고 약간 억센 달래는 찌개에 넣는 것이 좋다.

곽향은 우리나라, 일본, 중국 등지에 분포하는 여러해살이풀이다. 지방에 따라 배초향, 방아잎, 방애잎, 깨나물, 참뇌기 등으로 부르며 줄기는 네모지고 곧게 서는데 위쪽의 가지가 많이 갈라진다. 잎은 깻잎과 비슷한 생김새로 가장자리는 톱니모양으로 약간 작고, 서로 마주보기로 난다. 꽃은 향이 진하여 기름을 짜는데 정유 성분은 아니스알데히드(Anisalde-hyde), 아네톨(Anethole), 메틸카비콜(Methyl chavicol) 등이며, 방향제로 쓴다. 또한, 꽃 속에는 꿀이 많아 꿀벌이 즐겨 찾는 주요 벌꿀의 밀원 식물이다. 잎은 향이 진하여 생선의 비린내, 육류의 냄새를 없애 매운탕, 보신탕 등의 요리에 널리 쓰였으며, 된장, 간장 등의 식료품의 좋은 향료가 되며 벌레를 예방한다. 특히, 경상도 지방에서 애용되어, 쌈, 전 등에도 사용한다. 이른 봄 어린잎을 채취하여 나물로 먹기도 한다. 곽향은 맛이 맵고 진하며 성질이 따뜻하여 심장, 비장, 폐장, 위장에 약효가 있다. 위장의 기운을 보충하고 소화기 계통의 기능을 향상시켜 소화 불량, 설사, 구토에 효과가 좋고, 차로 상시 복용하면 여름철 더위를 잊게 한다.

1 곽향의 효능

(1) 복부 식욕부진, 메스꺼움, 구토, 설사 증상의 개선
(2) 여름철 감기로 인한 가슴의 답답함, 메스꺼움, 두통 등에 유효하다.
(3) 차로 마시면 입 냄새를 제거하고 잇몸이 붓고 피가 나 고름이 날 때도
  구운 백반가루와 섞어 잇몸에 바른다.
(4) 암 예방, 노화방지, 동맥경화 예방 효과가 있다.

2 곽향 채취 방법 및 가공

꽃이 만발할 때 뿌리를 제외한 줄기 부위를 잘라 깨끗이 씻어 짧게 썰어
말린다.

3 곽향의 쓰임새

(1) 생선 · 육류 요리의 향을 내며 나쁜 냄새를 없애므로 끓여 마지막 단
  계에 넣는다.
(2) 어린잎은 데쳐 나물로 먹는다.
(3) 채소전에 재료로 쓰인다.
(4) 쌈으로 먹는다.

응용요리

두부장떡

◄◄ 재료
찹쌀가루 1컵, 두부 50g, 곽향잎 3장, 물 1~2큰술,
고추장 1작은술, 고춧가루 1/2작은술,
다진파 1작은술, 다진마늘 1/2작은술, 후추, 깨

추어탕

◄◄ 재료
산미꾸러지 400g, 얼갈이 배추 500g,
깻잎 10장, 곽향잎 10장, 대파 2뿌리,
홍고추 2개, 풋고추 2개

◄◄ 양념장
된장 1큰술, 고추장 1큰술, 고춧기름 1큰술,
들깨가루 5큰술, 다진마늘 2큰술, 소금, 후추,
산초가루 1큰술

TIP 곽향은 추어탕, 매운탕을 끓일때 사용하고, 곽향잎은 손으로 뜯어 국물이 끓
어 오를때 마늘, 파 등과 함께 넣으면 나쁜 냄새를 없애주는데 효과가 좋다.

재료 : 장어 한마리, 계피 30g,생강

간장양념 : 장어 뼈국물 1컵, 간장 6큰술, 설탕1큰술,청주1큰술,마늘즙 1큰술, 생강즙 1큰술, 물엿 1큰술

고추장양념 : 장어뼈국물 1컵, 고추장 2큰술, 간장 1큰술 ,설탕 2큰술 ,물엿 2큰술, 청주2큰술, 마늘즙 1큰술, 생강즙 1큰술, 후추

1. 장어는 머리를 잘라내고 반으로 갈라 납작하게 편 다음 가시를 발라내고 손질한다. (사진1)

2. 장어머리와 뼈를 냄비에 담고 생강, 계피를 넣어 푹 끓여 거른다.

3. 손질한 장어는 적당히 토막을 내어 석쇠에 살짝 구어 찜통에 찐다. (사진2)

4. 분량의 간장소스와 고추장소스는 잘섞어 각각 냄비에 붓고 꺼룩하게 조린다. (사진3)

5. 쪄낸 장어에 소스를 발라 살쪽부터 구어 뒤집어 맛을 들이고 반복하여 소스를 발라가며 구워낸다. (사진4,5)

6. 생강은 가늘게 채썰어 찬물에 헹궈 물기뺀다

7. 접시에 담고 채썬 생강을 곁들인다.

(사진1)

(사진2)

(사진3)

(사진4)

(사진5)

❖ 향신료는 음식의 맛과 향과 색을 살려내 식욕을 돋우는 조미료로, 저마다 고유한 특성으로 사람의 미각과 후각, 시각을 자극합니다.

❖ 해외 여행시 여행객들은 낯선 향신료가 들어간 음식을 먹을 때 비로소 이방인의 신분을 실감하게 된다고 합니다.

❖ 향신료는 요리뿐만 아니라 방부제, 해독제, 강장제, 진통제, 질병 치료제로도 이용될 만큼 우리에게 있어 없어서는 안될 필수 조미료로 자리잡고 있습니다.

❖ 잃어버린 우리 가족의 입맛을 당신만의 맛깔스런 향신료로 사로잡아보시기 바랍니다.

향신료

월계수잎

원 산지는 지중해 연안이며 감람나무라고도 한다. 분포지역으로는 유럽 및 일본, 한국 등지에서 재배하고 있으며, 높이는 약 15m이다. 가지와 잎이 무성하다. 잎은 딱딱하고 타원형이 대부분으로 광택이 있으며 짙은 녹색이다. 이 잎으로 월계관을 만들어 아폴로 신에게 제사를 올리는 파티아 제전에서 사용했으며, 고대 그리스 로마 시대에는 경기의 승자나 위대한 시민에게 월계수관을 만들어 머리에 씌웠고, 근대 올림픽에서 우승자에게도 월계관을 만들어 씌워 준다. 잎은 조금만 스치거나 찢어져도 달콤하면서 품위 있는 향기를 풍겨 요리의 향신료로서 많이 사용된다. 식욕을 촉진하는 풍미로 부케가르니(향신료다발)의 필수 재료이고, 서양 육류 요리에는 거의 모두 사용된다. 방부력이 뛰어나 절임, 초절임, 기름절임에 들어가며, 오래 끓이는 서양 국물요리에 사용한다. 학명인 Laurus가 '칭송'의 뜻인 라틴어 laudis에서 유래된 말이고 nobilis도 고귀한 이란 뜻을 가지고 있다. 월계수잎에는 Lineol이 50% 함유되어 있으며, 그 밖에도 여러 종류의 정유 성분은 방향성 건위약, 또는 도포제로 쓰인다.

❶ 월계수 잎의 효능

(1) 정유 : 신경통, 류마티즘통증 완화, 냉증 효과, 강장 효과
(2) 서양요리 향신료로서 식욕촉진, 방부, 방충 효과 (쌀독에 월계수 잎을
2~3일 넣어두면 벌레가 생기지 않는다.)

❷ 월계수 잎

진녹색으로 윤기가 나며 보통 6~7cm 길이

❸ 월계수잎 가공법

생잎은 다소 쓴 맛이 있으나 바람이 잘 통하는 그늘에 말리는데 건조되면
잎이 쭈글쭈글 해지므로, 넓은 판지를 얹어 평평하게 말려 완전 밀봉하여
보관한다.

❹ 월계수잎 쓰임새

(1) 서양 : 육류 요리의 필수 향신료로, 고기 냄새를 제거한다.
(2) 스프, 스튜, 소스에 향신료로 사용한다.
(3) 스톡 등 오래 끓이는 요리에 필수로, 4인분에 1~2장 사용한다.
(4) 피클, 마리네이드, 소시지 등의 향을 낼 때 사용한다.

응용요리

▶ 비프스튜

◀◀ **재료**
쇠고기(등심) 300g, 당근 100g, 양파추 3잎,
감자 100g, 양파 100g, 마늘5톨, 샐러리 60g

◀◀ **소스**
버터 2큰술, 밀가루 3큰술, 다진 토마토 1컵,
토마토 페스티 1큰술, 토마토 소스 1/2컵,
쇠뼈육수 6컵, 월계수잎 2장, 정향 2개, 후추,
소금

▶ 채소피클

◀◀ **재료**
오이 5개, 무 300g, 양배추 5잎, 양파 1개,
비트 1/2개

◀◀ **소스**
물 10컵, 식초 3컵, 설탕 3컵, 소금 5큰술,
피클링 스파이스 2큰술, 월계수잎 3장,
마른 고추 5개

TIP 스테이크는 쇠고기를 1.5cm 두께로 썰어 구워내야 하므로, 충분히 칼집을 내어 고기를 부드럽게 하거나 샐러드유와 월계수잎, 후추, 양파, 셀러리를 채썰어 섞어 고기에 재웠다가 구우면 향을 즐길 수도 있고, 연육의 효과를 얻을 수 있다.

계피

계피는 문헌상으로 가장 오래 전에 언급된 향신료로서 기원전 2,700년 경 고대 중국의 선능 황제 시대에 계피가 등장한다. 고대부터 현대까지 서양에서 사용하는 계피는 우리가 흔히 사용하는 계수나무 껍질인 계피가 아니라 육계(Cinamon)라는 나무의 껍질이다. 육계나무는 상록 활엽으로 10~15m까지 성장하는 열대성 수목이다. 가장 좋은 육계는 스리랑카의 실론섬인데, 표면이 부드럽고 쉽게 부서진다.

계피는 중세유럽에서 매우 비싼 향신료 및 약재로서 화폐로도 통용되어 세금을 납부하고, 몸값을 치르기도 하였다고 한다. 계피의 향기는 사랑을 나타내는 것이라 생각해서 왕족과 귀족들 사이에서 최고의 선물이었다고 한다. 계피는 성질이 따뜻하고 독이 없으며 주성분은 계피유라고 하는 정유(Essential Oil)로 시나믹 알데히드(Cinnamic Aldehyde), 시네올(Cineol) 등이며, 이들 주요 성분은 위장의 점막을 자극하여 분비를 촉진하고 위경련을 억제하고 위장관 운동을 촉진하며 가스를 촉진한다.

① 계피의 효능

(1) 계피의 시나믹 알데히드 성분은 충치를 유발하는 균을 막는 항세균 효과가 있어 충치 균의 성장과 부착을 억제하여 충치예방 효과가 있다.

(2) 신경을 흥분시켜 혈액순환을 촉진하여 심장을 강하게 한다.

(3) 손발이 차고, 허리, 무릎 아픈데 효과가 있다.

② 계피의 채취 및 가공

(1) 육계 : 채취한 육계는 24시간 동안 그늘에서 말린 후, 외피를 긁어 낸 후 건조시킨다.

(2) 계피 : 외피를 긁어 내지 않고 말린다.

(3) 말린 계피는 분쇄기에 갈아 가루로 쓴다.

③ 육계의 계피의 차이

(1) 육계 : 단맛과 향이 강하다.

(2) 계피 : 매콤한 맛이 강하다.

④ 계피의 쓰임새

전통주의 재료, 과자, 떡, 음료, 고기요리–조림, 찜

(1) 통째 말린 계피 – 돼지고기 600g 수육을 만들 때, 말린 계피 10cm 길이 2cm 넓이 정도 사용

약식

◀◀ **재료**
찹쌀 5컵, 밤 15개, 대추 15개, 잣 1/2컵

◀◀ **양념**
간장 3큰술, 흑설탕 1.5컵, 참기름 3큰술, 꿀 3큰술, 계피가루 1큰술

대추초, 율란

◀◀ **대추초 재료**
대추 15개, 잣 1큰술, 설탕 1큰술, 물엿 1큰술, 꿀 1큰술, 계피가루 1작은술

◀◀ **율란 재료**
밤 15개, 꿀 2큰술, 계피가루 2큰술

TIP 계피는 천연보존료로도 쓰일 만큼 향균작용이 뛰어나 오래되어도 향이나 효과가 떨어지지는 않으므로, 건냉한 곳에 밀폐하여 보관하면 오래 저장할 수 있다.

인도와 열대 아시아가 원산지이며 동남아시아, 유럽, 아메리카, 일본 등에서 주로 재배한다. 온난 기후에서 자생하며 영능향이라 불리는 여러해살이 풀이다. 바질은 여러 품종이 있는데 우리가 흔히 쓰는 바질로서 뜯기만 해도 짙게 향이 나는 스위트 바질은 그 향이 공기를 맑게 하고, 생기를 불러일으킨다 하여 인도의 힌두교는 바질을 신에게 바치는 성스러운 향초로 쓰고 있다. 달콤하고 톡 쏘는 신맛과 향은 이태리 지중해 요리와 타이요리에 꼭 쓰이는 향신료이다. 잎의 가장자리에 물결 모양의 톱니가 있는 타원형으로 달콤한 향이 강하며, 잎이나 줄기는 향신료 또는 방향제로 쓰인다. 학명인 오키뮴(Ocimum)은 '향기를 즐긴다'라는 뜻이며, 바질의 어원 바질은 '왕' 이라는 뜻의 바실레우스(basileus)라는 그리스어에서 유래한 것이다. 특히, 토마토가 들어간 요리, 닭고기, 어패류, 채소샐러드, 파스타 등의 요리에 향을 돋우며 풍미를 있게 한다. 바질은 향이 강하여 어린잎을 쓰는 것이 좋고, 건조하여 가루로 만들어 쓰면 향이 더 좋아진다.

① 바질의 효능

(1) 신경강장, 구내염방지, 두통, 편두통에 효과
(2) 진해, 해열, 해독, 설사, 변비 등의 약제로서의 효능이 있다.
(3) 향기 성분은 공기를 맑게 하고, 생기를 불러일으킨다.
(4) 입욕제로서 피로회복, 여드름 피부 완화와 피부를 아름답게 한다.
(5) 임신 중에는 입욕제로서 사용을 금한다.
(6) 에스트로겐 호르몬과 유사한 작용을 하여 월경불순, 불임에도 효과가
   있다.

② 바질의 이용

주로 생잎을 사용하는 것이 좋고, 말리면 향기가 줄어들어 페이스트를 만
들거나, 비네거, 절임 등으로 보관한다.

③ 바질의 쓰임새

샐러드 소스, 육류요리. 어패류. 파스타, 피자. 허브차. 향수, 아로마 테라
피, 식초

④ 응용요리

(1) 토마토소스 봉골레 스파게티
(2) 허브를 곁들인 알밥

● 토마토소스 봉골레 스파게티

◀◀ 재료
스파게티면 500g, 홍합 200g, 바지락 200g,
오징어 1/2마리, 팽이버섯, 양송이 버섯

◀◀ 소스
버터 3큰술, 밀가루 2큰술, 다진마늘 2큰술,
다진양파 1컵, 다진토마토 2컵, 백포도주 1컵,
바질 5잎, 소금, 후추, 조개국물 5컵

● 허브를 곁들인 알밥

◀◀ 재료
밥 1공기, 양상추 3장, 깻잎 3장, 치커리 5잎,
무순, 민트 2장, 바질 4잎,
헬리오 트러프 꽃 2송이

◀◀ 소스
고추장 3큰술, 다진마늘 1/2작은술, 생강즙 1/4
작은술, 다진 스테비아 1큰술, 식초 2큰술, 사과
갈은 것 1큰술, 레몬즙 1큰술, 매실청 1큰술

TIP 생잎 보다는 말리면 향기가 줄어드나, 가루로 만들면 향이 진해진다.

재료 : 스파게티면 200g, 팽이버섯·느타리버섯 각 100g, 바지락 300g,홍합 100g, 오징어 1/2마리, 백포도주 1컵, 조개육수 3컵, 올리브오일 2큰술

토마토 소스 : 마늘 3쪽, 바질, 홍고추, 양파 300g, 토마토 300g,토마토페이스트 2큰술, 마늘 1개, 홍고추 반개, 고춧가루 약간, 소금, 설탕, 후추 , 약간, 물녹말 약간

1. 스파게티 면을 끓는물에 소금과 기름을 넣어 8~12분간 삶아 물기를 뺀다. 후라이팬에 올리브오일을 두르고 뜨거워지면 삶은 스파케티 면을 살짝 볶아낸다.(사진1)

2. 조개는 해감을 빼고 홍합은 손질하여 씻고 오징어는 동글동글 썬다.

3. 냄비에 기름을 두르고 채썬 홍고추, 통마늘, 파슬리줄기, 레몬을 넣어 볶다 조개와 홍합을 넣어 뚜껑을 덮어 조개가 입을 벌릴 때까지 끓여 오징어, 백포도주, 물 5컵을 넣어 1~2분 더 끓인 후 불을 끈다. (사진2)

4. 팽이버섯은 밑둥을 잘라내고 느타리버섯을 먹기 좋게 찢어놓는다.

5. 양파는 다진다.

6. 팬에 올리브유를 두르고 양파, 마늘, 버섯을 볶는다. (사진3)

7. 양파, 마늘, 버섯에 바질, 으깬토마토와 토마토 페이스트를 넣는다. (사진4)

8. 소금, 후추, 설탕으로 간한 다음 2/3 양이 될 때까지 약한불에서 졸인다.

9. 익힌 해산물과 토마토소스를 섞어 버섯을 넣고 볶아 놓은 스파게티 면을 넣어 버무린후 소금, 후추로 간한다. (사진5)

(사진1)
(사진2)
(사진3)
(사진4)
(사진5)

❖ 풋풋한 바다내음을 마신다.

❖ 입맛을 잃어버리는 계절이 돌아왔을 때 바다에서 갓 건져 올린 각종 해초로 만든 밑반찬
은 미각을 다시 찾는 일등공신이라고까지 할 정도로 우리 식단에 있어 해초는 많은 사랑
을 받고 있는 재료라고 할 수 있습니다.

❖ 또한 해초에는 다른 재료와 달리 풍부한 영양소가 듬뿍 담겨있어 건강은 물론이고 다이어
트와 미용을 위해서도 많이 애용되고 있는 중요한 조미료라고 할 수 있습니다.

해조

다

시마 목 다시마 과의 조류에 속하는 2~3년생의 해조류이며, 길이는 2~4m, 폭은 20~30cm로 황갈색, 흑갈색을 띠고 있고, 앞바탕은 두껍고 표면이 미끄러우며 간조선의 바위에 붙어살고 있다. 거제도, 제주도 등지에서 많이 난다. 우리나라에는 삼국시대부터 식용으로 사용하였다. 다시마는 예부터 조미료로 이용되어 왔으며, 단백질 성분인 글루탐산과 아스파탐산을 다량으로 함유하여 국물을 내는데 빠지지 않고 이용되어 왔다. 다시마에는 요오드, 칼슘, 칼륨 등의 46 종의 미네랄이 들어 있는 알칼리 식품으로 비타민 A, 비타민C 등의 비타민류도 다량 함유되어 있고, 세포벽의 성분인 알긴산이 많이 들어 있다. 다시마는 특정질환의 치료제가 아니라 풍부하고 다양한 영양소로 인하여 꾸준히 먹게 되면 체질개선에 도움을 주어 알레르기에 효과가 있으며, 당뇨, 혈액순환 및 대사 기능, 항암, 갑상선 기능 저하 등을 개선하고, 풍부한 섬유질로 인하여 포만감을 주고, 칼로리가 적어 다이어트 효과와 알긴산이 장을 자극하여 배변을 도와 변비치료에 효과가 있다.

① 다시마의 효능

(1) 당뇨병 치료
(2) 고혈압, 동맥경화 예방
(3) 갑상선 질환 예방
(4) 변비, 피부미용 효과
(5) 항암 작용 – 식이 섬유, 알긴산의 작용, 장속의 발암물질 배출, 대장암, 직장암 예방
(6) 칼슘, 철분 – 골다공증 예방

② 좋은 다시마 고르기

(1) 생것은 모양이 반듯하고 황갈색 또는 흑갈색으로 두께가 두껍고 윤기가 나는 것이 좋다.
(2) 말린 다시마는 빛깔이 검고 반듯하게 겹쳐서 두껍게 말린 것으로 표면에 흰 가루가 있는 것이 좋다. 조리할 때 너무 씻지 말고 살짝 닦아낸다. 흰 가루 성분에는 다시마의 단맛을 내는 만티놀이 많다.

③ 다시마의 가공

햇볕에 말려 잘게 썰어 알루미늄 호일에 싼 다음 오븐이나 석쇠에 놓고 구워 곱게 가루 낸다.

④ 다시마의 쓰임새

볶음, 무침, 국물을 낼 때, 다시마 차, 다시마 환(다시마 가루와 콩가루를 섞어 만든다.)

다시마 조갯살 볶음

◀◀ 재료
조갯살 200g, 다시마 가로세로 10cm 크기

◀◀ 양념장
간장 3큰술, 맛술 2큰술, 설탕 1큰술,
다시마국물 5큰술, 참기름 1큰술, 깨 1작은술

다시마 강회

◀◀ 재료
불린다시마, 오이 1/2개, 배 1/2개, 당근 1/4개,
무 50g

◀◀ 초고추장
고추장 3큰술, 식초 5큰술, 설탕 3큰술,
매실청 2큰술

TIP 토란과 다시마를 같이 조리한다. 토란의 아린맛인 수산 석회는 다시마의 알긴산과 요오드 성분이 수산석회의 체내 흡수를 막아주며 맛도 훨씬 좋아진다.

❖ 인간에게 있어 육류는 빠질래야 빠질 수 없는 중요한 식품입니다.

❖ 그러나 비만 등의 문제로 소고기나 돼지고기 등의 과다 섭취에 빨간불이 켜져 있는 상태
에서 바다에 사는 어류는 건강을 위해 최적의 음식이라고 할 수 있습니다.

❖ 삼면이 바다인 우리나라는 다양한 어류가 우리 식탁에 올라오고 있으며, 그러한 어류를
이용한 다양한 음식 등은 한국인과 떼려야 뗄 수 없는 친숙한 관계로 이어지고 있습니다.

어류

멸치

멸치는 청어목과의 생선으로 무리를 지어 이동하는 몸길이 15cm의 작은 생선이다. 주로 사할린 남부, 일본, 한국, 동남아시아 인근 연안에 분포하며, 옛 문헌에는 '멸아', '멸어' 라 하였고, 한자어로는 '추어' 라 한다. 멸치는 단백질과 지방의 함량이 다른 생선에 비해 월등히 높아 고칼로리 식품이다. 뿐만 아니라, 칼슘의 함량은 100g당 1860mg이나 들어 있어 성인 1일 권장량인 700mg을 섭취하려면 약 40g을 섭취하면 된다. 어린이의 성장 발육, 여성들의 골다공증예방, 태아의 뼈의 형성과 산모의 뼈를 튼튼하게 하며, 칼슘 성분은 혈액의 산성화를 막아주고 신경을 안정시키는 효과도 있다. 특히, 시원하고 감칠맛을 내주는 이노신산과 유리아미노산이 풍부하여, 조리용으로 다시 국물로서의 역할을 톡톡히 한다.

① 멸치의 효능

(1) 단백질, 지질이 풍부한 고칼로리 식품이다.
(2) 칼슘이 풍부하여 골격의 형성과 성장발육, 여성의 골다공증 예방, 신
    경 안정 효과가 있다.
(3) EPA, DHA : 어린이 지능 발달
(4) 타우린 성분 : 항산화 효과, 정상 혈압 유지
(5) 유리아미노산 : 이노신산이 풍부하여 감칠맛을 낸다.

② 좋은 멸치 고르는 법

(1) 먹어보았을 때, 짠 맛이 강하지 않고 고소한 것.
(2) 불쾌한 신 냄새가 없는 것
(3) 볶음용 : 흰색이나 파란색으로 투명한 것
(4) 중간 멸치 : 은회색이 도는 맑은 것
(5) 국물용 : 연한 황금색, 납작하며 약간 구부러진 것

③ 멸치 가공법

(1) 내장을 꺼내 바람이 잘 통하는 그늘에서 바삭하게 말려 분마기에 간다.
(2) 냉장, 냉동 보관하여야 한다.

④ 멸치의 쓰임새

(1) 국, 찌개, 국수 등의 다시물로 사용한다.
(2) 뼈 째 갈아 볶음밥, 무침, 볶음, 조림 등에 넣는다.
(3) 채소와 감자, 해초, 견과류 등과 섞어 밥반찬으로 볶거나 조려 먹는다.

응용요리

알감자조림

◀◀ 재료
알감자 500g, 멸치 50g, 풋고추 3개,
홍고추 1개, 굵은 소금 1큰술

◀◀ 조림장
멸치국물 3컵, 간장 5큰술, 조미술 2큰술,
다진스테비아 1큰술, 물엿 1큰술,
참기름 1큰술, 깨

파김치

◀◀ 재료
쪽파 1단

◀◀ 양념
찹쌀풀국 2컵, 고춧가루 1컵, 멸치가루 3큰술,
액젓 1/2컵, 다진마늘 4큰술, 설탕 1큰술,
다진 생강 1큰술

TIP 멸치 국물을 우려낼 때는 손질한 멸치에 얻고자 하는 분량의 찬물을 부어 4~5시간 담가둔
후 불 위에 올려 끓어오르면 바로 불을 끄고 체에 받쳐 거르면 비린 맛이 나지 않는다.

명 태는 대구과의 어류로 주로 해저 가까이 사는 흰살생선이다. 명태는 잡는 방법이 나 상태, 지역에 따라 여러 이름을 가지고 있는데, 일반적으로 신선한 명태를 선태 또는 생태라 하고, 잡자마자 동결시킨 명태는 동태, 반건조시긴 명태를 코다리, 어린 명태를 잡아 바짝 말린 것을 노가리, 바짝 말린 명태를 북어 또는 황태라 지칭한다. 명태는 버릴 것이 없이 모두 이용되는 식품이면서도 비린내와 기름기가 생선류에서 가장 적다. 특히, 명태 간에는 비타민 A가 많이 들어 있어 눈 건강에 도움이 된다. 또한 세포를 발육시키는 데 꼭 필요한 아미노산인 리신, 뇌에 꼭 필요한 영양소인 트립토판도 들어있어 아이들 성장 발달에 도움이 된다. 또한, 비싼 약재에 버금가는 여러 효능을 가지고 있는데, 해독작용과 간을 보호하는 작용이 있어 해장국 재료로 좋다.

1 ## 명태의 특징 및 효능

　(1) 숙취해소　(2) 해독작용　(3) 알레르기 체질개선

2 ## 좋은 북어 고르는 법

　속살이 부드럽고 연하며, 밝은 황금색을 띠는 것이 좋다.

3 ## 북어 가공법

　천연 양념으로서의 명태 재료로는 동태와 북어가 적당하다.

　(1) 머리와 지느러미, 내장을 제거한 동태는 포를 떠 껍질을 벗긴 후 얇게 썰
　　어 끓는 물에 데쳐낸다. 면주머니에 넣어 물기를 제거하고, 비트즙, 시금
　　치즙, 치자즙, 당근즙을 섞어 손으로 비벼 색을 들인 후 따뜻한 방바닥이
　　나 바람이 잘 통하는 그늘에 한지를 깔고 얇게 펴 바삭하게 말려 밀봉 팩
　　에 담아 냉동 보관한다.

4 ## 북어 양념 쓰임새

　(1) 북어가루, 새우가루, 버섯가루, 채소가루 등을 섞어 볶음밥에 넣는다.
　(2) 색을 낸 동태가루는 초밥에 섞어 태극말이 초밥, 네모모양 문전 초밥을
　　만들 때 유용하게 쓸 수 있다.
　(3) 북어 뼈 가루는 다시마 가루와 섞어 북어 콩나물 국, 조갯국, 생선 매운
　　탕에 이용한다.
　(4) 물김치를 담글 때, 북어포와 다시마를 끓여 육수로 사용하면 시원하면서
　　감칠맛을 낼 수 있다.

최고김밥(문전초밥), 캘리포니아롤

◄◄ 최고김밥 재료
북어가루 붉은색 1컵, 노란색 1컵, 초록색 1컵,
초밥 3공기, 달걀 4개, 김 3장

◄◄ 캘리포니아롤 재료
초밥 1공기, 날치알 2큰술, 오이 1/4개, 당근 1/4
개, 아보카도 1/4개, 무순 10g, 마요네즈 1큰술

즉석 동치미 김치

◄◄ 재료
무 반개, 배추잎 2줄기, 실파6~7줄기, 삭힌고추,
갓약간, 대추 약 10개 다진마늘2큰술, 홍고추 1
개

◄◄ 국물
북어 다시마 국물 1컵, 생수 5컵, 풀국 1/3컵,
굵은소금 1.5큰술

TIP

북어는 양념재료로도 쓰이지만 북어를 주재료로 하는 일품요리의 재료이기도 하다. 찜, 구이 등을 할 때 말린 북
어는 물을 충분히 적셔 젖은 면보를 덮어 충분히 불리고, 껍질 쪽에 칼집을 넣어주면 껍질의 단백질 성분인 콜라
겐이 열에 의한 줄어듦을 방지하여 오그라들지 않고 제 모양을 갖춘 구이나 찜을 할 수 있다.

재료 : 쌀 2컵, 북어가루 1/2컵, 가루울금 1/4 작은술, 파슬리
가루 1큰술. 비트즙 1큰술 ,달걀 3개, 참치회
배합초 : 식초6큰술, 설탕 4큰술, 소금 2작은술

1. 쌀은 깨끗이 씻어 건져 젖은 면보를 덮어 약 2시간
   불린 후 쌀과 같은량의 물을 부어 고슬고슬하게 밥
   을 짓는다.

2. 물기없는 고슬한 밥에 배합초를 섞어 약 30분간 맛
   을 들인다.

3. 분량의 밥을 3:2:1 비율로 나누어 3분량에 비트즙
   붉은 북어가루 2분량에 파슬리가루 1분량에 울금가
   루를 각각 섞어 3삼색의 초밥을 준비한다. (사진1)

4. 달걀은 물 3큰술, 설탕 1작은술, 소금 1/2작은술을
   섞어 잘풀고 기름 두른 후라이팬에 부어 도톰하게
   말이하여 2cm 넓이와 두께로 썬다. 참치회는 김길
   이에 맞춰 2cm 두께 넓이로 썬다.

5. 김1장을 7:3으로 자른 후 3의 김에(노란색) 밥을
   4/5까지 놓고 동그랗게 만다.

6. 7부분의 김에(초록색) 밥을 김의 4/5까지 펴 놓고
   노란색 밥 말이김밥을 놓고 만다.

7. 다시 1장의 김을 놓고 (빨강색) 밥을 4/5까지 펴놓고
   초록색말이 7.김밥을 놓고 만다.

8. 말아진 밥을 세로로 4등분 한다.

9. 김1장을 놓고 8.의 4등분한 김밥을 김끼리 맞대놓
   고 가운데 달걀지단을 놓고 만다.

(사진1)

❖ 음식에 맛을 돋우기 위해 예로부터 다양한 조미료가 이용되어 왔습니다.

❖ 그중에서 미원으로 대비되는 화학조미료는 가히 우리 식단에 태풍이라고 할 만큼 크나큰 영향을 발휘했으며 지금도 막대한 영향을 끼치고 있습니다.

❖ 그러나 소득이 올라가고 점차 건강을 중요시하면서 화학조미료를 배제하고 천연조미료를 이용한 웰빙 열풍이 우리 식단에 점차 퍼져가고 있는 상태입니다.

만난맛

표고버섯은 우리나라 일본 중국에 주로 분포한다. 최근에는 독특한 향, 맛, 풍부한 영양으로 식용 또는 약용으로 그 효능이 알려져 전 세계적으로 재배되고 있다. 표고버섯은 참나무, 밤나무 등 활엽수에 자생하며, 표면은 갈색을 띠고, 비늘 모양의 가는 솜털로 덮여 있다. 때로는 표면이 터져서 흰속살이 보이기도 한다. 참나무 원목을 이용하여 인공재배가 이루어지고 있다. 표고버섯은 생 표고버섯보다는 마른 버섯을 섭취하는 것이 좋다. 햇볕에 말린 표고버섯에는 비타민 D 함량이 풍부하고, 맛있는 맛 성분이 우러나와 맛과 향이 좋으며, 말린 표고버섯을 불리거나 조리할 때는 맛 성분인 구아닐산이 우러나와 훌륭한 풍미를 자랑한다. 표고버섯은 예부터 중국에서는 불로장수 식품으로 알려졌고, 고대 그리스에서는 신의 식품이라 하였다. 동의보감에서는 기를 강하게 하고, 입맛을 좋게 하며, 구토와 설사를 멎게 한다고 기록되어 있다. 표고버섯에는 각종 무기질과 비타민, 단백질 등 많은 영양 성분이 풍부하며, 상대적으로 열량은 낮아 비만과 성인병 예방, 치료에 매우 좋은 식품이다.

① 표고버섯의 효능

(1) 고혈압, 동맥경화. 심장병 예방과 치료
(2) 골다공증예방
(3) 빈혈예방
(4) 항암작용
(5) 감기, 기침, 가래의 치료

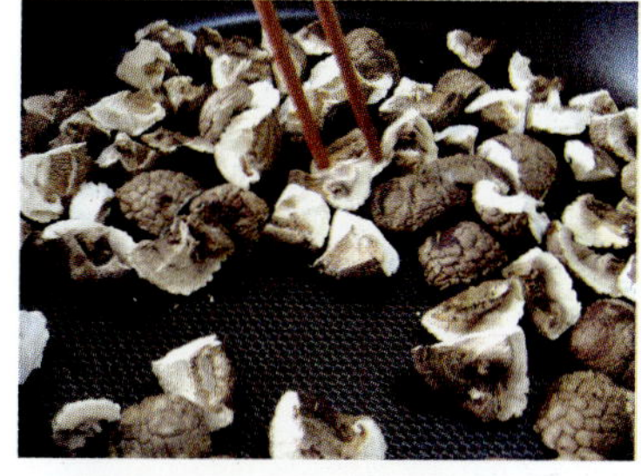

② 좋은 표고버섯 고르는 법

(1) 크기가 너무 크지 않고 눌러 보았을 때 살이 단단한 것
(2) 오목하여 갓이 50% 정도 편 것
(3) 갓의 표면에 거북모양의 줄무늬가 있는 것
(4) 색깔이 진하지 않고 연한갈색으로 갓의 뒷면이 유백색인 것

③ 표고버섯의 가공법

(1) 생표고 버섯을 말릴 때는 버섯갓 안쪽이 위로가게 놓고 햇볕에 말린다.
(2) 망주머니에 갓 안쪽이 위를 보게 담아 볕이 잘 들고 바람이 잘 통하는 곳
(3) 말린 버섯은 젖은 면 행주로 깨끗이 닦아 잘게 손으로 쪼개 후라이팬
　　에 살짝 구워 분마기에 곱게 갈아 유리병에 담아 밀봉한다.

④ 표고버섯의 쓰임새

(1) 찌개나 탕, 전골 등의 국물을 낼 때 – 멸치, 다시마와 같이 사용한다.
(2) 견과류, 건어물, 생선, 육류의 조림
(3) 나물무침, 조림
(4) 차를 끓여 마신다.

표고버섯탕수

◀◀ 재료
표고버섯 15장, 새송이 버섯 3개, 느타리버섯 100g, 브로컬리 1/2개, 방울토마토 10개, 소금, 후추, 불린 녹말 1컵, 달걀 흰자 2개분

◀◀ 탕수소스
물 1컵, 설탕 3큰술, 식초 2큰술, 소금 1작은술, 물녹말 2큰술

낙지전골

◀◀ 재료
쇠고기 100g, 낙지 1마리, 무 50g, 당근 50g, 새송이버섯 2개, 느타리 버섯 50g, 팽이버섯 1봉지, 쪽파 100g, 미나리 50g, 표고 멸치육수 5컵

◀◀ 양념장
고춧가루 1큰술, 표고멸치국물 4큰술, 다진마늘 1큰술, 다진파 1큰술, 생강즙 1작은술, 청주 1큰술, 소금, 후추

TIP 맑은 국물을 얻고자 할 때에는 말린 버섯가루를 주머니에 넣어 찬물에 담가 맛 성분을 충분히 우려낸 후, 살짝 끓여 건져내면 좋다.

재료 : 쇠고기 100g, 낙지 2마리, 대파 1대, 다진마늘 2큰술,
　　　양파1/2개, 무100g, 당근 50g, 표고버섯 2장, 느타리버
　　　섯 100g, 팽이버섯 50g 쪽파50g, 쑥갓 20g
쇠고기 양념 : 국간장 1큰술, 다진마늘 1/2작은술,다진파 1작은
　　　술, 참기름 1/2작은술, 후추
다대기 양념장 : 고추가루 3큰술, 다시마국물 3큰술, 마늘다진
　　　것 1큰술,청주 1큰술 생강즙1큰술, 소금, 후추

1. 쇠고기는 얇게 저며 썰어 쇠고기 양념장으로 버무린
　 다. (사진1)

2. 무와 당근은 5cm 길이로 채 썰어 데쳐내고 대파는
　 어슷하게 썬다. (사진2)

3. 양파와 표고버섯은 도톰하게 채 썬다.

4. 느타리버섯은 굵은것은 적당히 찢어 소금을 조금
　 뿌리고 팽이버섯은 밑둥을 잘라낸다.

5. 낙지는 먹통과 내장을 제거한뒤 소금으로 주물러
　 깨끗이 씻어 5cm길이로 썰어 다대기양념장 약간을
　 넣어 무친다. (사진3)

6. 쪽파와 쑥갓은 5cm길이로 자른다.

7. 찬물 10컵에 가로 세로 15cm 크기의 다시마와 국물
　 용 멸치 15마리를 넣고 끓인후 채 에 걸러 국간장 1
　 큰술, 소금 2큰술을 넣어 간한다.

8. 전골 냄비에 불고기와 낙지, 준비된 재료를 보기좋
　 게 담고 다시마국물을 부어 끓으면 나머지 다대기
　 양념을 넣어 거품을 걷어가며 끓인다. (사진4,5)

(사진1)

(사진2)

(사진3)

(사진4)

(사진5)

❖ 옛날 속담에 '보기 좋은 떡이 먹기도 좋다'라는 말이 있습니다.

❖ 소득이 증가하고 생활이 윤택해지면서 이제 단순히 미각 차원에서 벗어나 시각적으로도
음식의 맛을 향상시키는 다양한 시도가 이루어지고 있습니다.

❖ 아무리 맛이 있더라도 시각적인 느낌이 별로이면 인간은 그쪽으로 젓가락이 잘 가지 않는
다고 합니다.

❖ 자신이 만든 음식에 색을 입혀 오늘 저녁에 화려한 만찬을 한번 만들어보시는 것이...

색

비트

럽 남부와 지중해 연안이 원산지이며 야생종을 약용으로 이용하게 된 것은 기원 전 2~3세기경 그리스 로마 시대라는 기록이 있다. 그 후, 유럽에 보편적으로 재배되기 시작한 것은 18세기경으로 추정하는데, 우리나라에는 1970년경부터 재배하기 시작하였다고 한다. 비트의 학명인 'Beta' 는 '붉다' 라는 라틴어에서 유래되었다. 비트는 근공채, 홍채두, 화염채라고도 불리는데, 크게 4가지 종류로 나눈다. 채소용비트(Garden beet), 사탕무(Sugar beet), 사료용비트(Mangel-wurzel), 잎을 먹거나 조미료로 쓰는 근대(leaf-beet) 등이다. 우리가 흔히 샐러드 등에 쓰는 Garden beet는 둥근 뿌리채소이다. 껍질과 살은 보통 검은 암적색이다. 어린 새싹은 샐러드의 재료로, 성숙한 잎은 쌈 채소로 이용한다. 비트는 리보플라빈(비타민 B_2), 비타민A와 비타민C가 들어있다. 적혈구의 수를 증가시켜 빈혈예방, 혈액순환에 좋은 영향을 준다.

1 **비트의 효능**

   (1) 철 : 여성의 월경 장애 개선, 적혈구의 증가로 빈혈예방, 혈액순환기능

   (2) 베타인 : 이뇨작용

   (3) 섬유질 : 변비에 효과

2 **좋은 비트 고르는 법**

   싱싱하며 뿌리가 매끄럽고 단단하며, 흠집이 없어야하고, 중간 크기(테니스 공 크기)가 좋다.

3 **비트의 쓰임새**

   샐러드, 냉국, 냉채, 제과, 음료, 국수 등에 붉은색 색소, 김치

4 **가공법**

   (1) 갈아서 즙을 낸다.

   (2) 얇게 저며 썰어, 말린 후 밀봉하여 보관한다.

연근피클

◀◀ 재료
연근 200g

◀◀ 소스
비트 색 우린물 2컵, 식초 1컵, 설탕 1/2컵, 월계수잎 1장, 감초 2개, 통계피 10cm, 통후추 1작은술

국수냉채

◀◀ 재료
밀가루 1컵, 비트즙 1큰술, 물약간, 오이 1/2개, 배 1/2개, 새우 10마리

◀◀ 냉채소스
갠겨자 1큰술, 식초 3큰수, 설탕 1큰술, 파인애플 통조림 3쪽, 소금 1작은술

TIP 비트는 생으로 주로 사용하지만, 다른 근채류와 같이 익혀서 먹어도 좋다.

울금(강황)

울금의 원산지는 동남아시아, 인도, 중국 등에서 자생하며 '강황', '심황' 영어학명으로는 터메릭(Turmeric) 등으로 불린다. 기원전부터 파라오의 병을 치료하는 약용으로, 인도의 의약서에는 장수를 하기 위한 식품으로 기록되어 있으며, 우리나라에는 고려말엽에 유입되어, 조선 중엽부터 재배되기 시작 하였다고 전해진다. 카레요리의 원료이며, 식품의 착색료로서 술과 함께 섞으면 노랗게 금처럼 색깔이 물든다 하여 '울금'이라 이름이 붙여졌다. 일본에서는 단무지의 착색료로 이용된다. 생강과의 여러해살이 식물로 원뿌리 줄기와 곁뿌리 줄기로 나눌 수 있는데, 원뿌리 줄기는 난형이고, 곁뿌리는 양끝이 둔한 둥근 기둥 모양으로 약간 구부러져 있으며 측면에 순을 가진 것도 있으며 테가 있다. 울금은 예부터 숙취해소에 좋은 것으로 알려져 왔는데, 커큐민(Curcumin)이라는 노란 색소로서 항산화 성분에 의한 살균 및 항암 등의 작용을 하며 간기능을 개선하고, 담즙의 분비를 활성화한다.

1 울금의 효능

(1) 커큐몰 : 암(유방암), 치매 예방, 숙취해소

(2) 커큐민 성분 : 간장의 활동 강화, 담액의 분비를 촉진, 콜레스테롤을
용해하여 고혈압 동맥경화에 효과

(3) 타메론 : 살균, 항균, 항염 작용을 한다.

(4) 아즈렌 : 항염증, 항종양, 건위작용, 구내염, 위 십이지장 궤양 치료

(5) 후라보노아이드 : 모세 혈의 벽을 치밀하게 하여 혈중 단백질과 비타
민 C의 소변 배설을 막는다.

(6) 부인과 종양, 여성의 생리불순, 생리통. 어혈등의 증상에 한약재와 복
용 시 효과가 매우 좋다

2 울금 고르는 법

우리나라 남쪽 지방 진도, 고창 등지에서 생산한다.

3 가공법

얇게 썰어 살짝 데친 후 건조하여 가루로 만들거나 브랜더에 갈아 즙액을
추출하여 쓰는 방법이 있다.

4 울금의 쓰임새

차, 요리의 천연색소, 카레의 원료

(1) 1일 3회 차 음용 : 1컵의 물에 울금가루 1ts

(2) 생울금 : 물3컵에 울금 3g

(3) 요리의 색을 낼 때 : 분쇄하여 착즙한 다음 원하는 색의 농담을 조절
한다.

무쌈

◀◀ 재료
무 200g(울금 가루, 식초 6큰술, 설탕 6큰술,
물 6큰술, 소금 1큰술), 당근 1/4개, 배 1/4개,
오이 1/2개, 파프리카(빨강, 노랑, 주황) 각각
1/4개, 액젓 2큰술, 소금 약간,
스테비아즙 1작은술

해물리조또

◀◀ 재료
쌀 1컵, 조개 100g, 홍합 50g, 오징어 1/2 마리,
울금가루 1작은술, 다진마늘 1큰술,
다진양파 3큰술, 화이트와인 1컵, 육수 5컵,
버터 1큰술, 올리브오일 1큰술, 소금, 후추,
파마산치즈

TIP 울금은 시중에 가루제품이 나와 있으나 수입여부를 알 수 없으니 국내생산된
생것이나 건조된 것을 구입하여 사용하는 것이 우리 체질에 더 맞다고 한다.

무쌈

재료 : 무 1/4 개 소금 약간. 미나리 60g 당근,배 각각 1/4
　　　 밤 3개 , 오이 1/2개,붉은고추 1개, 마늘 3쪽 생강1톨

배합초 : 울금물 3큰술, 식초 3큰술, 설탕 3큰술, 소금 1작은
　　　 술

채소무침소스 : 견 겨자 1 큰술, 2배 식초 1큰술, 설탕 2큰술,
　　　 배즙 1큰술, 소금 1/2작은술

1. 무는 껍질을 벗기고 얇게 동글동글 썰어 배합초에
　 절여 물기뺀다. (사진1)

2. 당근 ,무, 배는 4cm 길이로 채 썬다.

3. 밤은 속껍질까지 벗겨 곱게 채 썬다. (사진2)

4. 오이는 4cm 길이로 잘라 돌려 깍기하여 채 썬다.

5. 미나리 끓는물에 데쳐 찬물에 헹궈 재빨리 식힌다.
　 (사진3)

6. 마늘,생강도 곱게 채썰고 홍고추도 가늘게 채썬다.

7. 채썬 모든 재료를 섞어 채소무침소스에 버무린다.
　 (사진4,5)

8. 절여진 무에 (6)의 재료를 놓고 말아 미나리로 묶어
　 차게 두었다가 낸다.

(사진1)
(사진2)
(사진3)
(사진4)
(사진5)

❖ 여러 가지 나물들을 고추장과 함께 쓱쓱 비빈 다음 참기름 한 방울 떨어뜨려 먹는 고소한 맛이란...

❖ 입맛이 없을 때 고소한 맛은 미각을 찾아주는 데 일조를 합니다.

❖ 고소한 맛은 혀가 아니라 코로 느낀다고 합니다.

❖ 실제로 코를 막고 음식을 먹으면 큰 맛을 느끼지 못하는 경우가 다반사입니다.

❖ 오늘 저녁은 와인 한잔과 함께 사랑하는 그이와 고소한 맛을 느끼며 사랑의 음식 여행을 떠나보시는 것이 어떠신지요.

고소한맛

깨

참 깨의 원산지는 인도 및 아프리카 열대지방으로 알려져 왔으며, 페르시아, 이집트, 유럽 등에서 재배하고 있다. '호마', '지마', '향마' 라고 지칭하며 우리나라에는 중국을 통하여 유래되었다는 설이 있다. 참깨는 1m 높이의 쌍떡잎 식물이며, 꽃은 7~8월경에 연분홍 색으로 피고, 2~3cm 원지름 모양의 열매 안에 약 80개의 종자가 들어있는데 흰색, 노란색, 검은색으로 식물이나 꽃, 열매모양으로 털어보기 전에 씨의 색을 알 수가 없다고 한다. 한방에서는 '흑지마' 라는 약재로 쓰이는데, 주로 피부점막 상처를 보호하고 치료하며 혈액의 콜레스테롤 수치는 줄여주며 변비에 효과가 있다. 검은깨는 삼국시대 무사들이 수련을 할 때 뼈를 튼튼하게 하고, 오장의 기운을 북돋는다고 알려져 왔다. 곡식 중 가장 좋다고 하여 거승이라고도 불렸다.

1 깨의 효능

깨의 성분은 50% 이상이 지질이다. 그 지질 중에서도

(1) 리놀산 : 피를 맑게 하고 혈관을 깨끗하게 하며 동맥 경화를 예방한다.

(2) 비타민 E : 항산화작용에 의해 노화를 예방하고 혈액순환을 원활하게
하여 피부를 고와지게 하고 머리카락을 윤기나게 한다.

(3) 세사민 : 항산화물질인 세사민은 혈중 콜레스테롤을 낮춰주며, 알코
올 분해를 촉진하여 숙취 방지에 도움을 준다. 세포의 DNA가 상처를
받거나 종양으로 발전 단계를 차단하여 암을 예방한다.

(4) 항산화물질 및 단백질 성분 : 새치를 없애고 검은 머리를 나게 하며
윤기 있게 한다.

(5) 레시틴 성분 : 뇌의 성분으로 정신노동자들에게 효과

(6) 칼슘, 섬유질 : 변비치료, 뼈를 튼튼하게 함

2 좋은 깨 고르는 법

낱알의 크기가 일정하고 껍질이 얇으며 색이 깨끗하고 껍질을 벗기지 않
는 것을 고르는 것이 좋다.

3 가공법

깨를 깨끗이 씻어 껍질을 벗겨 찌거나 볶아 빻아서 쓰도록 한다. 기름을
짠다.

4 쓰임새

(1) 한식조리의 필수 양념   (2) 셀러드 드레싱   (3) 각종 소스의 재료

우엉샐러드

◄◄ 재료
우엉 1대, 오이 1/2개, 파프리카

◄◄ 소스
갈은 참깨 2큰술, 마요네즈 1큰술, 식초 2큰술,
설탕 2큰술, 소금, 검은통깨

◄◄ Tip
우엉은 데쳐 다시마물, 간장, 조미술,
설탕에 살짝 볶아낸다.

쑥갓나물

◄◄ 재료
쑥갓 200g

◄◄ 양념
국간장 1작은술, 소금 1/2작은술,
마늘즙 1작은술, 양파즙 1큰술,
참기름 1큰술, 깨

TIP 깨 껍질의 샐룰로오스는 소화가 안되기 때문에 껍질을 벗기거나 빻고,
양념으로 쓰기 전에 볶는 것이 고소한 맛을 잘 이용할 수 있다.

들깨

들깨는 꿀풀과에 속하는 한 해 살이 풀로서 인도, 말레이시아, 이집트 등이 원산지로 알려져 왔으며, 우리나라, 일본, 중국과 유럽 등에서 재배되고 있다. 들깨는 예부터 시집가는 딸에게 들깨죽을 먹여 보낼 만큼, 여성에게 좋은 식품이다. 특히 여성이 몸이 차거나 냉증이 있는 경우 몸을 따뜻하게 해주는데, 여성호르몬 균형과 분비에 좋은 비타민 E, 미네랄, 아연 등이 많이 들어있기 때문이다. 특히 비타민 E는 불포화지방산과 성호르몬의 산화를 방지하여 여성의 갱년기 장애에 효과적이다. 또한, 노인들의 보양식으로 들깨죽이 애용되어 왔는데 백발인 사람이 들깨를 꾸준히 복용하여 검은 머리가 되었다는 이야기가 있다. 또 들깨 잎에는 비타민 C를 포함한 미네랄이 풍부하고 엽록소는 지혈작용과 항암 작용을 하며 깻잎 속의 1-리모넨(1-LIMONEN)과 페닐라케톤(PENILLAKETONE) 성분은 독특한 향이 있어 육류, 생선의 냄새를 없애준다.

❶ 들깨의 효능

(1) 동의보감 : 성질이 따뜻하고 독이 없다. 기를 내려 주고 간을 윤택하게 하며 몸을 매끄럽게 하고 아름답게 하며 기운을 돋워준다.

(2) 방약합편 : 골수를 보해주고 갈증과 해수를 없애고 몸속의 독소를 제거하며 혈액을 깨끗하게 한다.

(3) 최근의 연구결과 : 뇌의 신경전달 촉진물질인 플라스말로젠의 증가로 기억력이 좋아지고 사물을 빨리 인식한다.

(4) 비타민 E 성분이 풍부해 피부미용, 노화방지에 효과적. 갱년기 장애, 여성의 호르몬의 균형을 잡아주어 여성의 건강과 미용에 좋다.

❷ 좋은 들깨 고르는 법

껍질이 얇고, 매끄러우며, 낱알의 크기가 작은 것으로 껍질이 잘 벗겨진다.

❸ 가공법

기름을 짜거나 분쇄기에 물을 붓고 갈아 베보자기에 걸러 즙을 낸다. 볶아서 빻아서 쓰는 방법이 있다. 들기름은 쉽게 상하므로 짜서 바로 먹는 것이 좋고 가루도 그때그때 볶아서 쓴다.

❹ 쓰임새

들깨가루에는 각종 영양소뿐만 아니라 독특한 향 성분이 있어 죽을 끓이거나 나물을 무칠 때, 찜이나 탕을 끓일 때에 쓰이고, 들기름은 채소구이, 전 부칠 때, 김구이 등으로, 깻잎은 김치, 장아찌, 쌈, 셀러드 등으로 이용된다.

◖ 버섯볶음과 들깨소스

◀◀ 재료
표고버섯 3장, 느타리버섯 50g, 홍고추 반개, 양송이 버섯 5개, 쇠고기 50g

◀◀ 들깨소스
멸치국물 3큰술, 양파 1/4개, 들깨가루 3큰술, 소금, 후추

◖ 아귀찜

◀◀ 재료
아구 500g, 조개 200g, 미더덕 100g, 콩나물 200g, 대파 1대, 미나리 50g, 양파즙 2큰술

◀◀ 소스
고춧가루 3큰술, 간장 1작은술, 다진마늘 2큰술, 다진파 2큰술, 설탕 1큰술, 들깨가루 2큰술, 물녹말 2큰술, 소금, 후추, 멸치다시마물 2컵

TIP

깻잎을 장아찌로 할 때는 늦가을 약간 누런 빛이 도는 잎을 사용해도 진한향과 질감을 즐길 수 있다. 들기름은 햇볕과 공기 중에 산패하기 쉬우므로 꼭 건냉소에 밀폐하여 보관하고 되도록 짜서 바로 먹는 것이 향과 맛을 제대로 즐길 수 있다.

콩

우리나라 북부 두만강 하류에서부터 평양 일대지방이 원산지로 알려진 콩은 우리나라에서만 약 900여종이 생산되어, 세계 최다 품종과 최대의 콩 생산지로 일본의 1930년대 세계 콩 생산량 조사 기록에 나와 있다. 콩에는 40%의 단백질과 지방, 칼슘, 수용성 비타민 B1,B2, 지용성 비타민 E 등 풍부한 영양소와 9종류의 필수 아미노산을 가지고 있으며, 쌀이 주식인 우리나라의 식생활에 라이신 성분은 단백질의 보완효과를 가져온다. 특히, 여성 호르몬과 유사한 아이소플라본 성분은 여성의 유방암 예방, 골밀도증진, 갱년기 증상 완화에 도움을 주며, 남성의 전립선 암 예방에도 효과가 있다.

콩의 종류에는 강낭콩, 서리태, 작두콩, 백태, 서목태, 녹두, 땅콩 등이 있으며, 종류에 따라 영양성분이 각각 차이가 있다.

❶ 콩의 효능

(1) 식물성 에스트로젠인 아이소 플라본은 식품 중에는 유일하게 콩에만 존재하며 그중에 다이제인(Daidzein)과 제니스틴(Genistein)은 항암작용과 골다공증을 예방한다.

(2) 레시틴 성분은 알코올성 간경병 예방효과와 알츠하이머성 치매도 예방한다.

(3) 사포닌과 비타민 E 성분은 비만 체질을 근본적으로 개선하며 혈액순환을 원활하게 하여 피부의 기미와 노인성 반점 방지에도 효과가 있다.

(4) 콩의 지방성분의 50%에 가까운 리놀산은 콜레스테롤을 제거하여 혈관벽을 튼튼하게 하며 동맥 경화와 뇌졸중 예방에 효과가 있다. 또한, 식물성 섬유소는 변비를 막는 중요한 식품이다.

(5) 아스파라긴산은 산화대사물을 제거하여 숙취해소에 좋다.

❷ 좋은 콩 고르는 법

(1) 강낭콩 : 선명한 붉은색으로 윤기가 있는 것

(2) 흑태 : 동글동글하며 씨는 속의 눈모양이 회색 타원형 속에 _자형의 갈색선이 뚜렷한 것

(3) 백태, 청태콩 : 껍질이 얇고 윤기가 흐르는 것이 좋으며 드문드문 보라색 알갱이가 있다.

(4) 서리태 : 껍질 안쪽이 자주색이며 알맹이는 옅은 연두색이며, 반으로 쪼갰을 때, 속으로 들어갈수록 노란 빛을 띠는 것이 좋다.

(5) 녹두 : 껍질 표면이 거칠거칠 한 것이 좋다.

(6) 약콩 : 크기가 작고 까맣게 윤기가 나며 둥근 것이 좋다.

❸ 가공법

발효식품인 간장, 된장, 고추장, 청국장으로 또는 두유, 대두유, 대두분 등이 있다.

◖ 콩나물 무침

◀◀ 재료
콩나물 200g, 홍고추 1/2개, 멸치국물 2큰술, 소금 1작은술, 참기름 1큰술, 다진마늘 1작은술, 다진파 1큰술, 깨

◖ 달래 된장 찌개

◀◀ 재료
조개 100g, 호박 1/4개, 두부 100g, 느타리버섯 50g, 달래 50g

◀◀ 국물
멸치 다시마물 5컵, 된장 1큰술, 소금 약간

TIP 흰콩 중의 안티트립신(Antitrysin)이라는 성분은 단백질의 소화를 방해하나 열에 익히면 파괴된다. 콩은 충분히 불려 삶아야하는데 1%의 소금물과 0.3% 식소다를 넣으면 빨리 불려지고 압력솥을 이용하여 증기가 나오기 시작하면 바로 불을 꺼도 잘 익는다.

잣

잣은 우리나라에 집중적으로 분포하는 특산품으로 세계적으로 유명하며 고려인삼과 함께 서역에까지 수출했다는 기록이 있으며, 『동의보감』에는 "해송자" 라고 하여 기운을 돋우는 식품이라 했다. 잣에는 지방성분이 함유되어 100g당 664kcal의 많은 열량을 내므로 체중을 조절하는 사람은 먹는 양을 조절해야 하지만 잣에 함유한 지방산은 뇌세포를 구성하는 성분으로 두뇌 발달에 도움을 주므로 성장기 어린이에게는 좋은 식품이다.

잣은 칼로리가 높은 식품이지만 풍부한 마그네슘과 불포화 지방산인 올레인산(Oleic acid)과 리놀렌산(linolenic acid), 노화를 막는 레시틴(lecithin)이 다량 함유되어 일주일에 5번 이상 섭취하면 동맥경화를 예방하고, 심장병에 효과가 좋다고 알려져 있다. 또한, 비타민 B군은 신진대사를 활발하게 해주며 철분함량이 풍부하여 빈혈치료에 효과가 있다.

1 **잣의 효능**

  (1) 비만방지, 미용효과, 심신 강화
  (2) 뇌세포 구성으로 두뇌 발달에 도움을 준다.
  (3) 비타민 B_2, 비타민 E, 철분 성분은 피부 신진대사 활성

2 **좋은 잣 고르기**

  우리나라의 특산물인 만큼 국산 잣을 고르는 요령을 알면 된다. 씨눈이
거의 붙어 있지 않고, 크기가 고르고 맛이 고소하며 윤기가 나며 물에 담
그면 흰색으로 잘 변하지 않는 것이 좋다.

3 **잣의 가공**

  껍질을 벗겨 공기를 차단하여 밀봉한다.
가루를 만들때는 한지를 깔고 칼등으로 다져야 지방 성분이 뭉치지 않는다

4 **잣의 쓰임새**

  냉채소스, 죽, 밥, 음식의 고명, 반찬, 드레싱, 술을 담근다.

응용요리

잣죽, 닭냉채 무침

◀◀ **잣죽 재료**
잣 1/2컵, 쌀 1컵, 물 6컵, 소금 약간

◀◀ **냉채재료**
닭안심 100g, 오이 1/2개, 당근 1/4개, 배 1/2개,
잣죽을 넣어 소금간하고 버무려 차게 낸다.

버섯 견과류 조림

◀◀ **재료**
표고버섯 3장, 호두 100g, 땅콩 50g,
호박씨 50g, 잣 2큰술

◀◀ **조림 양념**
다시물 1컵, 간장 3큰술, 청주 1큰술,
설탕 1큰술, 꿀 1큰술

TIP 잣죽을 끓일 때는 쌀과 잣을 물을 붓고 따로 갈아 먼저 냄비에 잣 갈은물을 넣어 한 김
나게 끓으면 쌀가루 물을 넣어 저어가며 끓여 낸다. 먹기 바로 전에 소금으로 간한다.

재료 : 우엉 20cm 길이 1대, 오이 1/2개, 파프리카 빨강, 노
랑, 주황,각각 1/4개, 식용유 1큰술
우엉 조림장 : 다시마 국물 1/2컵, 간장 1큰술, 청주 1큰술, 설
탕 1/2큰술
참깨소스 : 갈은깨 3큰술, 설탕 1큰술, 식초 1큰술, 마요네즈
1큰술, 검은깨 1/2작은술, 소금 조금

1. 우엉은 6cm 길이로 채썰어 식초물에 살짝 데쳐낸다.
2. 냄비에 다시마국물, 간장, 설탕. 청주, 우엉을 넣어
조린다. (사진1)
3. 파프리카와 오이는 채썬다. (사진2)
4. 후라이팬에 식용유를 두르고 뜨거워지면 파프리카
와 오이를 살짝 볶아낸다. (사진3)
5. 분량의 참깨소스를 잘섞는다. (사진4)
6. 우엉과 볶아낸 채소를 참깨소스에 버무린다.
(사진5)

(사진1)
(사진2)
(사진3)
(사진4)
(사진5)

❖ 사진출처 ❖

- 레몬나무 사진 : 네이버 카페 식물과 사람들 http://cafe.naver.com/peltateandperson – mac9093(mac9093)
- 울금 사진 : 네이버 카페 식물과 사람들 http://cafe.naver.com/peltateandperson ajebi6628(빈손)
- 참깨나무 사진 : 네이버 카페 야생초 사랑 (http://cafe.naver.com/emfrhctkfkd/3266)
- 유자 : http://blog/naver.com/mamuli0 mamuli0(연산)김종북
- 잣 : http://cafe.naver.com/yatam (야생화탐사 탐구카페) okwaf(모빛)
- 곽향 : http://cafe.naver.com/yatam (야생화 탐사 탐구 카페) iing19(아잉)
      http://blog.naver.com/dallsull dallsull (달고은술)
- 후추 : http://blog.naver.com/ hmlee0911 hmlee0911(로즈마리)
- 함초 : 장건 농수산 (주) : 김봉학 063-563-5840, 011-626-5840
- 울금 : 황토울금 김명희 063-563-1918, 010-6662-1918
- 감초 : 백세장수 건강보감(교학사)/ 충남대학교 배기환 교수

❖ 참고서적 ❖

- 아름다운 우리음식 : 숙명여자대학교/ 한영실 저
- 한국요리 문화사 : 교문사/ 이성우 저
- 한국식품 문화사 : 교문사/ 이성우 저
- 쉽게찾는 우리나물 : 현암사/ 김태정 저
- 세계인의 음식문화 : 효일/ 박금순 외
- 식과 요리의 세계사 : 동명사/ KATIE STEWEART 원저, 이성우 외
- 한국의 나물 : 북폴리오/ 한국의 맛 연구회
- 쉽게 찾는 우리 약초 : 현암사/ 김태정 저
- 한방요리 : 예음
- 한국음식대관
- 최신 중국요리 : 효일/ 최성산 외
- 최신 영양학 : 수학사/ 이기열, 문수재 저
- 최신식품조리과학 : 대왕사/ 홍기운 외
- 향신채의 재배 및 이용론 : 고려대학교 출판부/ 박권우
- 허브 및 향신료의 특성과 식품에의 이용 : 충청대학 보건영양학부/ 신증엽 논문
- 허브사전 : 한국원예기술정보센터/ 키타노사쿠코 저(류경오, 이상수 역)
- 허브사전 : 한국원예기술정보센터 1996/ 류경오, 이상수
- 식품천연보존료 : 대광서림/ 정동효 저
- 향신료의 기능성 – 동아시아식생활학회지논문/김미리
- 서양조리 : 교문사/ 강명숙 외
- 우리생선이야기 : 효일/ 김소미 외
- 식품생명자원충서 : 성균관대학교/ 강국희
- 식품가공저장학 : 대학서림/ 김동원 외
- 한국식생활사 : 삼영사/ 강인희저
- 한국엄마를 음식영양으로 말하라 : 눈과마음. 아오노리로, 미쓰오 미유키 감수, 김혜숙 옮김
- 천연향신료 : 효일문화사/ 김우정, 최희숙
- 자연건강식으로 보는 세계 음식문화 : 넥서스/ 이부춘